I0568077

STUDENT WORKBOOK

Los ojos de Goya

WWW.STORYOSO.COM

www.storyoso.com

DREW FORLANO

STORYOSO PRESS
WWW.STORYOSO.COM
EMAIL: INFO@STORYOSO.COM

ISBN: 978-1-954578-00-5

Author: Drew Forlano

Acknowledgments: A special thanks goes to my good friend **Constancio Lozano Ballesteros** for helping craft the novel *Los ojos de Goya*. Another big thank you goes out to **Lily Chan** whose wonderful illustrations made the novel come alive for students. Many thanks to **Miriam Arias Sánchez** for her careful proofreading and language consulting. Finally, I would like to thank **Lisa Hand, Khadijah Luqman and Josep Navas Masip** for their encouragement, support and suggestions. Any remaining errors or limitations are due solely to myself.

StoryOso Press
PO Box 17772
Richmond, VA 23226
www.storyoso.com
info@storyoso.com

El acto de pintar se trata de un corazón contándole a otro corazón dónde halló su salvación.

—Francisco José de Goya y Lucientes

Índice

Índice

HOW TO USE THE STUDENT WORKBOOK
TO TEACH WITH LOS OJOS DE GOYA

This Spanish workbook has authentic cultural material and language activities to accompany the novel *Los ojos de Goya.*

Thematic activities are included in each chapter and follow the format described below. Some activities may vary by chapter to better support the student learning experience.

Pre-reading activities:

- Key **vocabulary** activities and games.
- **Personalized questions** using the key vocabulary from the chapter.
- Pair work or full class **speaking** activities that use the themes from the chapter.
- Games, codes and puzzles to practice vocabulary.

Post-reading activities:

- Reading comprehension questions.
- Additional activities that vary by chapter: order of events with ciphers to solve, true/false, ¿Quién lo dijo?, logical / illogical statements
- Drawing activities to reinforce chapter ideas.
- Games and critical thinking exercises.
- Authentic culture extension activities and note-taking pages for each chapter.
- Chapter illustrations and writing pages.
- Culture topics for additional internet research.

Grammar reinforcement.

- Each chapter includes a grammar review activity designed for intermediate to advanced Spanish students.

LOS OJOS DE GOYA
PARA EMPEZAR

Él que lee
mucho y
anda mucho,
ve mucho
y
sabe mucho.

—Miguel de Cervantes Saavedra

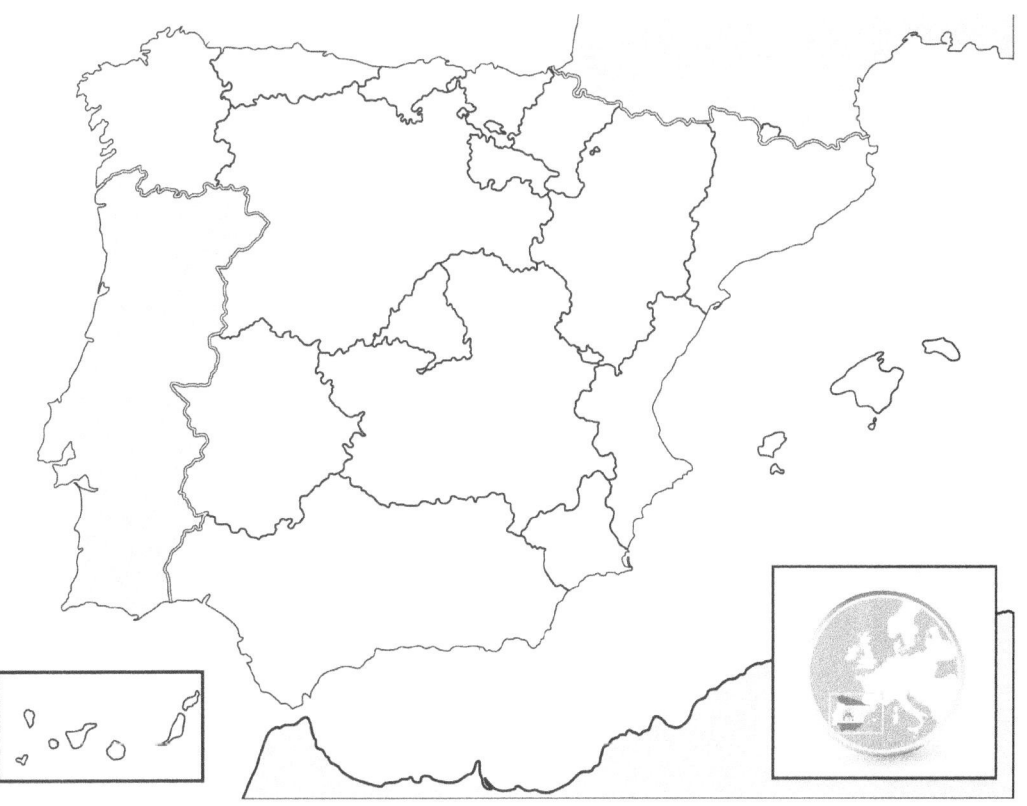

Vocabulario

1. university -

2. strict -

3. common -

4. art -

5. cathedral -

6. moved -

7. lines -

8. significance / meaning -

9. he/she put on -

10. certain / true -

Busca la palabra

estricto

cierto

la catedral

la universidad

las lineas

común

movió

el arte

se puso

el significado

2 **¿Puedes adivinar el significado de estas palabras?**

1. tatuaje -

2. proteger -

3. símbolos -

4. serpientes -

5. totalmente -

6. recibir -

7. los turistas -

8. los artistas -

9. un color claro -

10. extraño -

 Palabras... s o a i r s s e t i m ⟶ misteriosas (Pista... son lugares)

L I S E L A V   **D R M I A D**   **R L B A O A C E N**

Cómo leer Los ojos de Goya

- Busca palabras parecidas a palabras en inglés (Cognates)

- Mira las ilustraciones para ayudarte a comprender mejor.

- Usa las notas a pie de página. El asterisco indica que hay una definición en la página.

- Usa el glosario para buscar las otras palabras si es necesario.

- Recuerda que este símbolo ⟶ es para el diálogo.   ⟶—Hola papá —dijo Montse.

- Recuerda... ¡no es necesario comprender todo!

 Subraya los cognados en este párrafo del capítulo uno. Escribe la definición.

El <u>tatuaje</u> de Montse era como una de esas ilusiones ópticas en las

⟶ *tattoo*

 cuales tienes que buscar un diseño escondido. Si lo mirabas fijamente,

podías ver algo muy extraño en el diseño. Parecía* que la espiral tenía

tres dimensiones, que salía del brazo por arriba y por abajo.

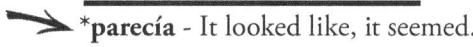

⟶ ***parecía** - It looked like, it seemed.

 Usa el glosario del libro para buscar las definiciones de estas palabras del párrafo de arriba.

1. cuales =   2. buscar =   3. escondido =

④ **¡Descifra el mensaje para descubrir el proverbio!**

$$\overline{14}\ \overline{2}\quad \overline{3}\ \overline{20}\ \overline{6}\ \overline{4}\ \overline{7}\ \overline{16}\ \overline{4}\ \overline{5}\ \overline{2}\ \overline{5}$$

$$\overline{15}\ \overline{2}\ \overline{8}\ \overline{12}\quad \overline{9}\ \overline{18}\quad \overline{17}\ \overline{9}\ \overline{8}\ \overline{7}.$$

1. La capital de España es ___ ___ ___ ___ ___ .
   <u>15</u>

2. España y Portugal forman la península ___ ___ ___ ___ ___ ___ ___ .
   9

3. El sur de España se llama ___ ___ ___ ___ ___ ___ ___ ___ .
   5   20

4. Una famosa casa del arquitecto catalán Antoní Guadí es la Casa ___ ___ ___ ___
   8   12

5. La bandera de España tiene los colores rojo y ___ ___ ___ ___ ___ ___ ___ ___ .
   7

6. El tren de alta velocidad de España se llama ___ ___ ___ .
   2

7. Un equipo de fútbol famoso en España es el ___ ___ ___ ___ *Madrid.*
   18

8. España es una Monarquía parlamentaria. España tiene un ___ ___ ___ y una reina.
   6

9. Una comida famosa de España es la ___ ___ ___ ___ ___ ___ . Normalmente tiene arroz.
   14

10. El símbolo de Madrid es el ___ ___ ___ y el Madroño.
    16

11. El río en Sevilla se llama el ___ ___ ___ ___ ___ ___ ___ ___ ___ ___ ___ .
    17

12. Un artista famoso de España es Pablo ___ ___ ___ ___ ___ ___ ___ .
    3

13. Otro artista famoso de España es ___ ___ ___ ___ ___ ___ ___ ___ ___ de Goya.
    4

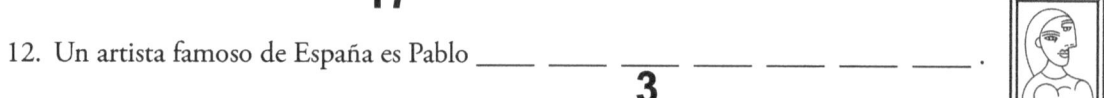

⑤ La Cultura - Usa el espacio de abajo para tomar apuntes. ¿Qué aprendiste?

gente famosa   historia   expresiones   comida

geografía   lugares   arte   ¿algo más?

LOS OJOS DE GOYA
CAPÍTULO UNO
EL TATUAJE

Nadie se conoce. El mundo es una farsa, caras, voces, disfraces; todo es mentira.

—Francisco José de Goya y Lucientes

1 Vocabulario

1. tattoo -
2. late -
3. a moment -
4. leather -
5. watch -
6. wrist -
7. memories -
8. design -
9. tower -
10. dark -
11. started to -
12. to show -
13. strange -
14. ear -
15. he/she hid -
16. bench -
17. seemed / looked like -
18. to arrive -
19. he/she took off -
20. he/she wanted -

Busca la palabra

parecía   quería

el cuero   la oreja

el diseño

el tatuaje

escondía

la muñeca

la torre   los recuerdos

tarde

se quitó

extraño

empezó a

oscuro

llegar   el reloj

mostrar

un rato

el banco

2 Rellena el espacio con una de las palabras de arriba.

1. La chica _____ el reloj para mirar su tatuaje.

2. Tengo muchos _____ bonitos de cuando era joven.

3. El hombre _____ cantar para los turistas de la plaza.

4. Mi amigo tiene zapatos de _____ muy bonitos.

5. Me encanta el _____ de esa chaqueta. Es muy elegante.

③ Antes de Leer - Contesta con oraciones completas.

1. ¿Qué opinión tienes de los tatuajes?

2. ¿Cuándo llegas tarde a la escuela?

3. ¿Qué quieres estudiar en la universidad?

4. ¿Cuándo te pones muy nervioso?

5. ¿Cómo vas a la escuela normalmente?

④ ¿Quién de la clase? - Entrevista a tus compañeros de clase.

¿Qué?	¿Quién?	¿Cómo?	¿Cuándo?	¿Cuál?	¿Cuánto?	¿Dónde?	¿Adónde?

	Nombre	**Más información**

1. ¿Quieres tener un tatuaje en el futuro?

2. ¿Vives muy cerca de tu escuela?

3. ¿Te gusta la clase de arte?

4. ¿Tienes profesores muy estrictos?

5. ¿Estás estresado mucho en la escuela?

6. ¿Escondes secretos a tu familia o amigos?

 Escribe oraciones completas abajo con la información de tu entrevista.

⑤ Comprensión - Contesta con oraciones completas.

1. ¿Dónde estaba Montse en este capítulo?

2. ¿Qué piensa Montse de su tatuaje?

3. ¿Qué usa Montse para esconder su tatuaje?

4. ¿Por qué esconde Montse su tatuaje?

5. ¿A quién vio Montse en la plaza? ¿Qué tenía esa persona?

6. ¿Cómo es el profesor de Montse?

7. ¿Cuántos años tiene Montse, más o menos? ¿Cómo lo sabes?

8. ¿Qué le preguntaba siempre Montse a su padre cuando era más pequeña?

9. ¿Qué pasó a la madre de Montse?

10. ¿De qué tenía miedo Montse?

⑥ ¡A Dibujar! Dibuja el tatuaje de Montse. ¡Luego crea un nuevo tatuaje para ti!

El tatuaje de Montse	Tu dibujo del tatuaje perfecto

CAPÍTULO 1

7 **¿Verdadero o Falso?** Indica si la frase es verdadera (V) o falsa (F). Si es falsa, corrígela.

1. _____ Montse vive en Madrid, la capital de España.

2. _____ Montse es la única persona de este capítulo con tatuajes.

3. _____ La catedral de Sevilla tiene una torre alta y está en el centro de la ciudad.

4. _____ El profesor de Montse tiene un ojo de cristal y una chaqueta de cuero.

5. _____ Los estudiantes de la universidad piensan que el profesor de Montse es raro.

6. _____ Montse está nerviosa porque tiene un examen hoy.

7. _____ El diseño del tatuaje de Montse está en su mano y parece que tiene serpientes.

8. _____ La clase de Montse empieza a las diez de la mañana.

9. _____ Cuando era más pequeña, el padre de Montse le explicó el significado de su tatuaje.

10. _____ Montse va a llegar a tiempo a su clase de historia del arte.

8 **¿Qué piensas tú?** - Contesta con oraciones completas.

1. En tu opinión, ¿qué debe hacer Montse?

2. En tu opinión, ¿deben ser estrictos los profesores?

3. ¿Por qué las personas se hacen tatuajes?

4. ¿Piensas que los tatuajes son arte o no? ¿Por qué?

5. ¿Qué va a pasar en el próximo capítulo?

6. ¿Es buena idea estudiar arte en la universidad o no? ¿Por qué?

⑨ Gramática - Escribe la forma correcta del verbo Ser o Estar. Usa <u>presente indicativo</u>.

 **How you feel or where you are, always use the verb ESTAR!**
But who are you, and from where? Always use the verb SER!

1. Montse _____ de Sevilla, España.

2. Los estudiantes _____ nerviosos porque tienen un examen hoy.

3. Las dos amigas _____ caminando al lado del río Guadalquivir.

4. No todos los estudiantes _____ trabajadores.

5. Sevilla _____ en Andalucía, en el sur de España.

6. Los turistas de Sevilla _____ de muchos otros países.

7. Nosotros siempre _____ contentos de visitar Sevilla.

8. Yo nunca _____ triste cuando estoy con mi mejor amigo.

9. Tú _____ mi mejor amigo. ¡Siempre voy a estar a tu lado!

10. La policía local siempre _____ en las estaciones de trenes.

11. Tú y yo _____ estudiantes de arte.

12. Los profesores de la universidad _____ muy estrictos.

13. Ahora mismo yo _____ en mi clase de español.

14. Tú _____ llevando un reloj muy elegante.

15. Todos los artistas _____ muy creativos.

10 **Escribir -** Escribe sobre esta escena del libro. Usa el vocabulario de este capítulo.

⑪ ¿Sabías qué... ?

La catedral de Sevilla es la tercera más grande del mundo. Dentro puedes ver la tumba de Cristóbal Colón, pinturas famosas de otros siglos y otros artefactos históricos. La famosa torre de la catedral se llama la Giralda. Tiene una altura de casi 95 metros. Puedes subir la torre para ver una bonita vista de la ciudad de Sevilla desde arriba.

¿Qué más puedes encontrar en Internet sobre este edificio tan famoso?

⑫ ¡Flipante!

Montse piensa que su tatuaje parece una ilusión óptica. Algunos artistas usan el espacio negativo y perspectivas interesantes para crear ilusiones ópticas. El famoso artista español, Salvador Dalí, era un maestro de esta técnica y muchas veces utilizaba ilusiones ópticas en sus cuadros.

¿Qué puedes ver en estas ilustraciones?

⑬ La Cultura - Usa el espacio de abajo para tomar apuntes. ¿Qué aprendiste de este capítulo?

gente famosa   historia   expresiones   comida

geografía   lugares   arte   ¿algo más?

LOS OJOS DE GOYA
CAPÍTULO DOS
EL ESPEJO DEL ALMA

Los ojos son el espejo del alma.

—proverbio

① Vocabulario

1. madness, insanity -
2. there was / there were -
3. painting -
4. building -
5. turned around -
6. century -
7. people -
8. soul -
9. death -
10. war -
11. again -
12. one can see -
13. soldier -
14. goal, objective -
15. glass eye -
16. to fight -
17. towards -
18. classroom, lecture hall -
19. knife -
20. luck -

Busca la palabra

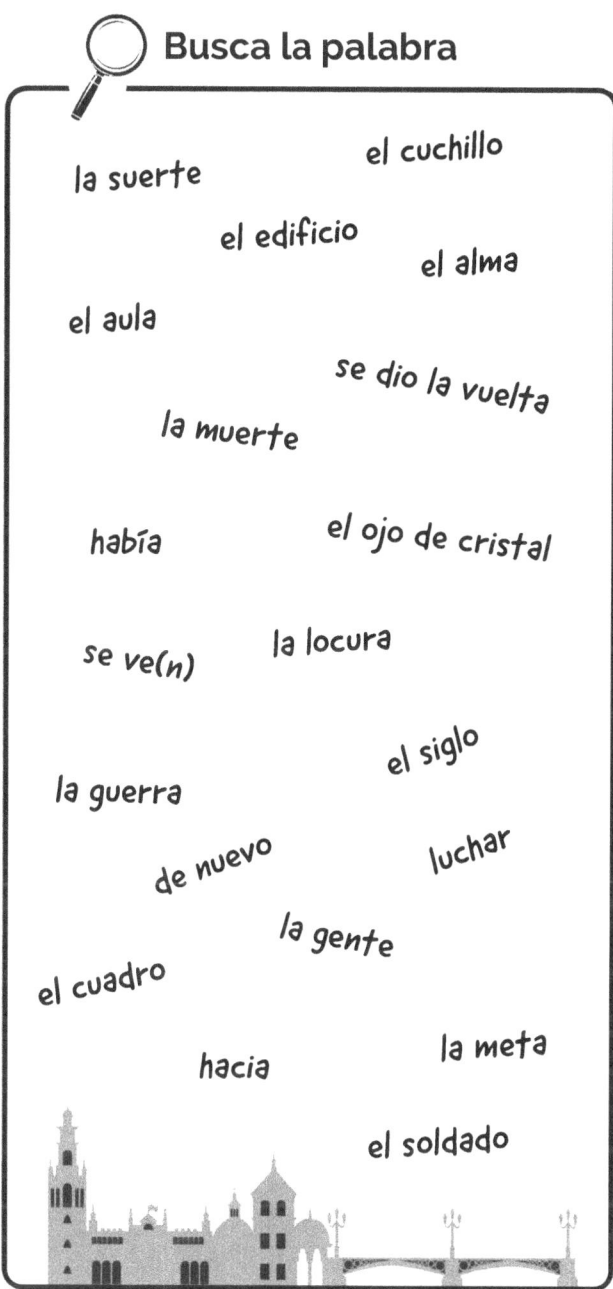

la suerte

el cuchillo

el edificio

el alma

el aula

se dio la vuelta

la muerte

había

el ojo de cristal

se ve(n)

la locura

el siglo

la guerra

de nuevo

luchar

la gente

el cuadro

la meta

hacia

el soldado

② Rellena el espacio con una de las palabras de arriba.

1. Fui al museo para ver el famoso _____ del artista Francisco de Goya.

2. Los cocineros necesitan un _____ para cortar las verduras y preparar la paella.

3. En clase de historia, aprendimos los eventos del _____ diecinueve en España.

4. Ayer fui a la fiesta de mi mejor amigo, pero no había mucha _____ allí.

5. Todas sus clases estaban en el mismo _____ de la universidad.

③ Antes de Leer - Contesta con oraciones completas.

1. ¿Qué quieres estudiar en la universidad?

2. ¿Qué estás estudiando en la clase de historia?

3. ¿Dónde quieres estudiar en la universidad?

4. ¿Tienes una meta especial para este año?

5. ¿Te gustan los cuadros realistas o abstractos?

④ ¿Quién de la clase? - Entrevista a tus compañeros de clase.

¿Qué?	¿Quién?	¿Cómo?	¿Cuándo?	¿Cuál?	¿Cuánto?	¿Dónde?	¿Adónde?

Nombre   **Más información**

1. ¿Estudias historia de arte en alguna de tus clases?

2. ¿Estudias las guerras de Europa en tus clases de historia?

3. ¿Te gusta ir a museos para ver arte?

4. ¿Tienes alguna meta especial para tu vida?

5. ¿Conoces a un soldado?

6. ¿Siempre tienes mucha suerte?

 Escribe oraciones completas abajo con la información de tu entrevista.

5 Críticos de arte

El 2 de mayo de 1808 en Madrid

Eres un famoso crítico de arte. Vas a hacer un análisis de esta famosa pintura.

¿Cuál es tu opinión profesional?

 **¿Qué se ve(n)?** Ej. A la izquierda hay un hombre en el suelo.
Expresiones: Hay, está(n), se ve(n), podemos ver, parece, en el centro, al fondo, en primer plano, a la derecha, a la izquierda, arriba, abajo, sobre, al lado de, entre, etc.

 **¿Qué simboliza?** Ej. La pintura representa... El caballo simboliza...
Expresiones: Simboliza, Representa, Es obvio que, Está claro que, ...puede ser, etc.

 **¿Cuál es tu opinión sobre la obra?** Justifica tu respuesta. Ej. (No) Me gusta <u>porque</u>...
Expresiones: Me parece... Me gusta, Me fascina, Me interesa, Me aburre, etc.

⑥ Críticos de arte

El 3 de mayo en Madrid

Eres un famoso crítico de arte. Vas a hacer un análisis de esta famosa pintura.

¿Cuál es tu opinión profesional?

¿Qué se ve(n)? Ej. A la izquierda hay un hombre en el suelo.
Expresiones: Hay, está(n), se ve(n), podemos ver, parece, en el centro, al fondo, en primer plano, a la derecha, a la izquierda, arriba, abajo, sobre, al lado de, entre, etc.

¿Qué simboliza? Ej. La pintura representa... El caballo simboliza...
Expresiones: Simboliza, Representa, Es obvio que, Está claro que, ...puede ser, etc.

¿Cuál es tu opinión sobre la obra? Justifica tu respuesta. Ej. (No) Me gusta porque...
Expresiones: Me parece... Me gusta, Me fascina, Me interesa, Me aburre, etc.

¿Comprendiste? Contesta con oraciones completas.

1. ¿Cómo era el edificio donde estaban las clases de Montse?

2. ¿Qué problema tenía Montse cuando llegó a la puerta de su clase?

3. ¿Qué estaba explicando el profesor Figuero cuando Montse llegó a clase?

4. ¿Cómo entró Montse en la clase sin ser vista?

5. ¿Dónde se sentó Montse después de entrar en clase?

6. Según el profesor, ¿que representaban los ojos de los cuadros Goya?

7. ¿Qué vio Montse en el ojo de cristal del profesor Figuero?

8. Según el profesor, ¿de qué no pudieron escapar los madrileños?

9. ¿Cómo se siente Montse en este capítulo? ¿Por qué se siente así?

10. ¿Qué cosa extraña vio Montse al final de este capítulo?

 ¡A Dibujar! El profesor Figuero mostró la famosa estatua del artista Francisco de Goya a su clase. Esta estatua está en frente del Museo del Prado en Madrid. ¿Conoces otras estatuas famosas? ¿Hay alguna estatua cerca de dónde vives?

La estatua de Goya

Dibuja otra estatua famosa o una de tu ciudad.

9 **¿Verdadero o Falso?** Indica si la frase es verdadera (V) o falsa (F). Si es falsa, corrígela.

1. _____ Montse llegó a su clase justo a tiempo.

2. _____ La universidad de Sevilla está muy lejos de la catedral.

3. _____ Algunos estudiantes de clase estaban estresados porque tenían un examen.

4. _____ Los cuadros que el profesor Figuero mostró eran de batallas famosas de México.

5. _____ Cuando Montse entró en el aula, su mejor amiga Jimena no le dijo nada.

6. _____ Un madrileño es una persona de Madrid.

7. _____ El profesor Figuero quería mostrar que las orejas son importantes en los cuadros de Goya.

8. _____ El profesor Figuero gritó a Montse porque ella llegó tarde a su clase.

9. _____ Los estudiantes aprendieron que Napoleón Bonaparte invadió España en el siglo diecinueve.

10. _____ Al final de este capítulo, Montse se siente mucho mejor.

10 **¿Qué piensas tú?** - Contesta con oraciones completas.

1. En tu opinión, ¿por qué los artistas pintan sobre las guerras?

2. ¿Por qué hay estatuas de personas famosas en las ciudades?

3. En tu opinión, ¿son importantes los museos de arte? Justifica tu respuesta.

4. En este capítulo, Montse ve cosas extrañas. ¿Qué debe hacer Montse?

5. En tu opinión ¿crees que el señor Figuero vio a Montse entrar el aula? ¿Por qué?

6. ¿Qué va a pasar en el próximo capítulo?

11 **Gramática** - Escribe la forma correcta de ESTAR y una preposición en los espacios de abajo.

sobre (arriba de), al lado, detrás, dentro, encima, debajo, en frente, a la izquierda, a la derecha, entre, lejos, cerca

1. El gato alegre _____ _____ la caja.

2. Los dos gatos _____ _____ de la caja.

3. Este gato _____ _____ de la caja.

4. El gato gordo _____ _____ de la caja. Tiene mucho sueño.

5. Este gato tiene miedo. Él _____ _____ de la caja.

6. El gato tonto _____ _____ de la caja.

7. El gato tranquilo _____ _____ de la caja.

8. El gato _____ _____ de la caja. Le gusta jugar al escondite.

9. El gato _____ _____ de la caja.

10. Este gato _____ _____ de la caja.

11. El otro gato _____ _____ de la caja.

12. Los dos gatos _____ _____ las dos cajas.

12 **Escribir -** Escribe sobre esta escena del libro. Usa el vocabulario de este capítulo.

_____

_____

_____

_____

_____

_____

_____

_____

_____

_____

 **⑬ ¡Flipante!**

En este capítulo, el profesor Figuero habla de los ojos que se ven en el arte de Goya. Los ojos juegan un papel importante en el arte. Pueden expresar emociones y también sirven como símbolos de las ideas que el artista quiere representar. Abajo hay algunos ejemplos de ojos interesantes en el arte a lo largo de la historia.

Detalle del cuadro El dos de mayo de Francisco de Goya

Detalle surreal del cuadro Saint Lucy, c. 1473/1474 Francesco del Cossa

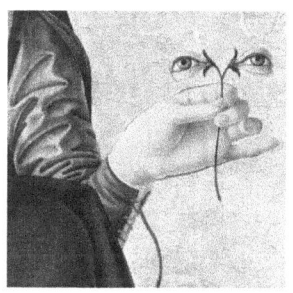

Los ojos grandes de una típica tira cómica de anime de Japón.

¿Qué puedes crear? Dibuja algo nuevo con ojos abajo.

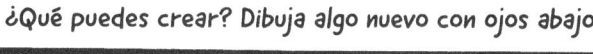

El ojo y la pirámide de un billete de un dólar estadounidense.

(14) La Cultura - Usa el espacio de abajo para tomar apuntes. ¿Qué aprendiste de este capítulo?

gente famosa   historia   expresiones   comida

geografía   lugares   arte   ¿algo más?

LOS OJOS DE GOYA
CAPÍTULO TRES
AMIGAS DESDE SIEMPRE

—¡Venga, tía! Olvídate de Figuero —le dijo Jimena—. Hoy es el cumpleaños de tu padre. Vamos a parar en el Mercado de Triana para comprarle una sorpresa. Podemos comprar pescado y arroz para hacerle una paella riquísima.

❶ Vocabulario

1. rang -

2. to cross -

3. that guy (dude) -

4. bridge -

5. while -

6. antiques -

7. street -

8. to fight -

9. to change -

10. trick -

11. towards -

12. neighborhood -

13. suddenly -

14. she turned around -

15. they remembered -

16. the store -

17. a shiver -

18. dangerous -

19. he died -

20. the suspects -

Busca la palabra

murió

hacia

el truco

de repente

se dio la vuelta

mientras

la calle

las antigüedades

luchar

sonó

los sospechosos

cambiar

peligroso

ese tío

la tienda

recordaron

el escalofrío

el barrio

cruzar

el puente

❷ Antes de Leer - Contesta con oraciones completas.

1. ¿Qué te gusta comer en tu cumpleaños?

2. En tu opinión, ¿cómo debe ser un buen amigo?

3. ¿Qué haces cuando estás con tus amigos?

4. ¿Prefieres vivir en la ciudad o en las afueras?

El sapo de otro pozo. Elige la palabra que no tenga relación. Explica por qué la has elegido.

1. la tienda	peligroso	los sospechosos
2. el puente	el barrio	cruzar
3. la calle	cambiar	luchar

 ¿Quién de la clase? - Entrevista a tus compañeros de clase.

¿Qué?	¿Quién?	¿Cómo?	¿Cuándo?	¿Cuál?	¿Cuánto?	¿Dónde?	¿Adónde?

<u>Nombre</u>   <u>Más información</u>

1. ¿Cruzas algún puente cuando vas a la escuela?

2. ¿Tienes un mercado cerca de tu casa?

3. ¿Te gusta comer pescado o marisco?

4. ¿Tienes antigüedades en tu casa?

5. ¿Vives en el mismo barrio que tus amigos?

 Escribe oraciones completas abajo con la información de tu entrevista.

5 **¿Comprendiste?** Contesta con oraciones completas.

1. ¿Por qué estaba preocupada Montse?

2. ¿Cómo se llamaba el puente que Montse y Jimena tuvieron que cruzar?

3. ¿Cómo se llamaba el barrio de Montse y Jimena y en qué zona estaba?

4. ¿Cómo van Montse y Jimena a la universidad normalmente?

5. ¿Adónde iban los dos coches de policía que pasaron a una velocidad rápida?

6. ¿Por qué pararon Montse y Jimena en el mercado de Triana?

7. ¿Qué es una pescadería? ¿Qué compraron Montse y Jimena allí?

8. Mira las ilustraciones del capítulo tres. ¿Qué más puedes comprar en el mercado de Triana?

9. Según la mujer de la pescadería, ¿Qué pasó al final de la calle San Jacinto?

10. ¿Cómo se siente Montse al final de este capítulo? ¿Por qué se siente así?

6 **¡A Dibujar!** Jimena dijo que la paella es la comida favorita del padre de Montse.

Una paella de marisco   **Dibuja tu comida favorita aquí abajo.**

7 **¿Verdadero o Falso?** Indica si la frase es verdadera (V) o falsa (F). Si es falsa, corrígela.

1. _____ Montse y Jimena viven en una casa residencial de la universidad de Sevilla.

2. _____ Montse y Jimena estaban cansadas, así que decidieron coger el autobús para regresar a casa.

3. _____ El río que divide Sevilla en dos partes se llama el Guadalquivir.

4. _____ Jimena dijo que el profesor Figuero es muy raro y que parece un monstruo.

5. _____ El mercado de Triana está al lado del puente de Isabel II.

6. _____ Jimena gritó —¡*Ten cuidado!*— porque vio a los sospechosos del robo.

7. _____ Jimena y Montse compraron marisco para hacer una paella.

8. _____ Montse dijo que su tatuaje parecía un ojo que la observaba.

9. _____ Josefina dijo que alguien murió en el robo en la calle San Jacinto.

10. _____ Al final de este capítulo, Montse y Jimena decidieron llamar a la policía.

8 **¿Qué piensas tú? -** Contesta con oraciones completas.

1. En tu opinión, ¿es mejor vivir con tus padres o vivir con amigos en la universidad? ¿Por qué?

2. ¿Por qué las personas coleccionan antigüedades?

3. Las amigas quieren hacer paella. ¿Cuál es la comida típica de dónde vives?

4. En este capítulo, Montse escucha noticias de un robo en su barrio. ¿Qué debe hacer Montse?

5. ¿Qué va a pasar en el próximo capítulo?

⑨ Gramática
El Imperfecto

I'm...purrr...fecto 😺

SER	IR
era	iba
eras	ibas
era	iba
éramos	íbamos
erais	ibais
eran	iban

Verbos AR

Jugar

jugaba	jugábamos
jugabas	jugabais
jugaba	jugaban

Verbos ER & IR

*VER = Ve+

Vivir

vivía	vivíamos
vivías	vivíais
vivía	vivían

➤ **Elige el verbo más lógico y escribe su forma correcta en <u>pasado imperfecto</u>.**

1. Las dos amigas siempre _____ al escondite con su vecina. **(comer, jugar)**

2. Montse _____ muy cerca de Jimena en el mismo barrio. **(vivir, gritar)**

3. La madre de Montse _____ dulces en la tienda. **(gritar, esconder)**

4. La tienda de antigüedades _____ un lugar mágico para ellas. **(ir, ser)**

5. El detective _____ gafas de sol con lentes oscuras. **(ir, tener)**

6. Montse y Jimena _____ en la universidad a menudo. **(tener, hablar)**

7. Yo siempre _____ una siesta después de comer. **(tomar, leer)**

8. Mi familia siempre _____ a la playa en verano. **(ir, ser)**

9. Tú nunca _____ más que yo cuando éramos jóvenes. **(dormir, vivir)**

10. Mis amigos y yo _____ mirando una película ayer. **(dormir, estar)**

11. Mis abuelos me _____ cada domingo. **(hacer, visitar)**

12. ¡Tú nunca _____ a tiempo a clase! **(poner, llegar)**

13. Nosotros _____ cerámicas en la tienda con mis padres. **(hacer, llegar)**

14. Yo nunca le _____ a mi hermana cuando era joven. **(gritar, ser)**

Escribir - Escribe sobre esta escena del libro. Usa el vocabulario de este capítulo.

11 Escribe el número al lado de los objetos de arriba y escribe un ✔ en el espacio de abajo.

1. ___ una paella
2. ___ un pulpo
3. ___ cinco gambas
4. ___ un jamón serrano
5. ___ una botella de aceite
6. ___ dos peces
7. ___ un balón de fútbol
8. ___ tres toros
9. ___ una catedral
10. ___ los churros con chocolate

11. ___ dos barcos
12. ___ dos cuadros
13. ___ el Museo del Prado
14. ___ la Torre de Oro
15. ___ una plaza de toros
16. ___ un mapa de España
17. ___ cuatro banderas
18. ___ dos soles grandes
19. ___ Don Quijote
20. ___ dos molinos

21. ___ el Puente de Isabel II
22. ___ una guitarra
23. ___ cuatro gafas de sol
24. ___ tres bigotes
25. ___ un oso con un árbol
26. ___ un jersey de fútbol
27. ___ un pincel y la pintura
28. ___ las chanclas
29. ___ un café con leche
30. ___ las castañuelas

⑫ La Cultura - Usa el espacio de abajo para tomar apuntes. ¿Qué aprendiste de este capítulo?

gente famosa   historia   expresiones   comida

geografía   lugares   arte   ¿algo más?

LOS OJOS DE GOYA
CAPÍTULO CUATRO
EL ESCONDITE

... Le gustaba jugar al escondite con ellas. Cuando jugaban,

Carmen se cubría los ojos con las manos, contaba hasta veinte,

y después buscaba a las dos chicas pequeñas entre los muebles,

lámparas y estatuas raras de la tienda.

Fue un tiempo maravilloso para las chicas.

❶ Vocabulario

1. street -
2. almost -
3. darkness -
4. the same -
5. old / antique -
6. to hide -
7. hide and seek -
8. neighbor -
9. then -
10. sunglasses -
11. started to -
12. darkness -
13. together -
14. reasonable -
15. to enter -
16. a tape -
17. Let me -
18. matter -
19. bag -
20. to wait -

Busca la palabra

juntos

entonces

una cinta

empezó a

esconder

el asunto

déjame

POLICÍA | NO CRUZAR | POLICÍA

casi

las gafas de sol

el escondite

el mismo

la oscuridad

la bolsa

esperar

la vecina

entrar

la calle

razonable

antiguo

oscuro

❷ Resuelve la cifra con las letras rodeadas por un círculo.

¿__ __ __ __ __ __?

*pista: es un lugar

1. Es un lugar donde puedes caminar.   La __ __ __ __○__.

2. Es un tipo de juego.   Es el __ __ __ __ __ __ __ __.

3. Es una palabra que significa muy viejo. Es algo __ __ __ __ __ __ __.

4. Es algo que usas para llevar las compras. La __ __ __ __ __.

③ Antes de Leer - Contesta con oraciones completas.

1. ¿Qué quieres estudiar en la universidad?

2. ¿A qué juegas con tus amigos?

3. ¿Cómo son tus vecinos?

4. ¿Puedes pensar en un famoso detective de un libro o de una película? ¿Cómo es?

5. ¿Por qué van las ambulancias a las escenas de un crimen?

④ ¿Quién de la clase? - Entrevista a tus compañeros de clase.

¿Qué?	¿Quién?	¿Cómo?	¿Cuándo?	¿Cuál?	¿Cuánto?	¿Dónde?	¿Adónde?

	Nombre	**Más información**

1. ¿Tienes muchos vecinos simpáticos?

2. ¿Te gusta estar solo a veces?

3. ¿Tienes miedo a la oscuridad?

4. ¿Conoces a un detective?

5. ¿Tienes gafas de sol con lentes oscuras?

 Escribe oraciones completas abajo con la información de tu entrevista.

⑤ ¿Comprendiste? Contesta con oraciones completas.

1. ¿Por qué estaban corriendo Montse y Jimena al principio de este capítulo?

2. ¿Quiénes son los padres adoptivos de Jimena?

3. ¿Cuál es el trabajo de los padres de Jimena?

4. ¿Por qué siempre iba Jimena a la tienda de Montse cuando era más joven?

5. ¿Quién tiene más años, Montse o Jimena?

6. ¿Qué vio Montse cuando llegó a la tienda de su padre?

7. ¿Qué intentó hacer Montse cuando llegó a la tienda?

8. ¿Quién es el Detective Franco y por qué está allí?

9. ¿Qué hicieron Jimena y Carmen, la vecina, al final de este capítulo?

10. ¿Por qué entró Montse en la tienda al final de este capítulo?

⑥ ¡A Dibujar!

Imagina una escena de un robo. Sugerencias: la policía, la ambulancia, una cinta de policía, los sospechosos, una caja fuerte, el dinero, el arte, una tienda, un banco, una casa, la calle, etc.

7 **¿Lógico o ilógico?** Indica si la frase es lógica (L) o ilógica (I). Si es ilógica, explica por qué.

1. _____ Montse y Jimena nadaron en el río para llegar a la tienda de su padre.

2. _____ Montse y Jimena eran mejores amigas desde ya muy pequeñas.

3. _____ Jimena estudiaba con Montse en la universidad cuando tenía ocho años.

4. _____ Magdalena, la madre de Montse, organizaba búsquedas del tesoro para Montse y Jimena.

5. _____ A Montse le encantaban los cuadros misteriosos que explicaba su madre.

6. _____ La vecina Carmen gritaba a las niñas a menudo cuando jugaban al escondite.

7. _____ Montse intentó cruzar la cinta de policía para entrar en la tienda, pero la policía le gritó.

8. _____ El padre de Montse explicó que el detective Franco estaba en el hospital.

9. _____ Jimena comió la bolsa de plástico de marisco.

10. _____ Al final de este capítulo, Franco entró en la tienda con el detective.

8 **¿Qué piensas tú?** - Contesta con oraciones completas.

1. ¿Tenías un juego favorito cuando eras más joven?

2. ¿Tienes pesadillas o sueños raros? ¿Por qué tenemos sueños así?

3. Montse llega a la tienda, pero su padre no está allí. En tu opinión, ¿dónde está el padre de Montse?

4. En tu opinión, ¿debe entrar Montse en la tienda con el detective? ¿Por qué?

5. ¿Qué va a decir el detective Franco en el próximo capítulo?

9 **Gramática** - Escribe la forma correcta de Ser o Estar en <u>pasado imperfecto</u>.

¿Era?

¿Estaba?

 **How you feel or where you are, always use the verb ESTAR!**

But who are you, and from where? Always use the verb SER!

1. Montse y Jimena _____ de Sevilla, España.

2. Los pescadores _____ bajo el puente, cerca del río.

3. Jimena _____ muy preocupada por su amiga.

4. Montse y Jimena _____ mejores amigas desde siempre.

5. La relación entre Montse y Jimena _____ como entre dos hermanas.

6. Montse y Jimena _____ esperando cuando pasaron dos coches de policía.

7. El mercado de Triana _____ al otro lado del río.

8. Josefina _____ la mujer que trabajaba en la pescadería.

9. La policía local _____ buscando a los sospechosos.

10. El tatuaje de Montse la _____ observando.

11. Yo _____ trabajando en la tienda cuando ocurrió el robo.

12. ¡Tú no _____ un criminal! ¡Nunca robabas nada!

13. Nosotros _____ mejores amigas cuando vivíamos en Sevilla.

14. Nosotros _____ en la fiesta del cumpleaños cuando me llamaste.

Escribir - Escribe sobre esta escena del libro. Usa el vocabulario de este capítulo.

_____

_____

_____

_____

_____

_____

_____

_____

_____

_____

_____

_____

⑪ Agentes

El detective Franco le muestra a Montse su placa de identificación de la Interpol, la Organización Internacional de Policía Criminal. La Interpol es una organización intergubernamental. Es decir, sus agentes vienen de muchos países y trabajan con la policía local. Sus agentes son de diferentes unidades, como la unidad de **crímenes de arte**, la unidad de desaparecidos, etc.

Imagina que eres un agente de una organización especial. Dibuja tu foto y un logotipo para tu placa de identificación.

Puedes usar una organización real (como la CIA, FBI, KGB, M16, SPCA, etc.) o puedes usar tu imaginación e inventar una nueva. ¡No tiene que ser de espías! ¡Puede ser una agencia de cualquier actividad!

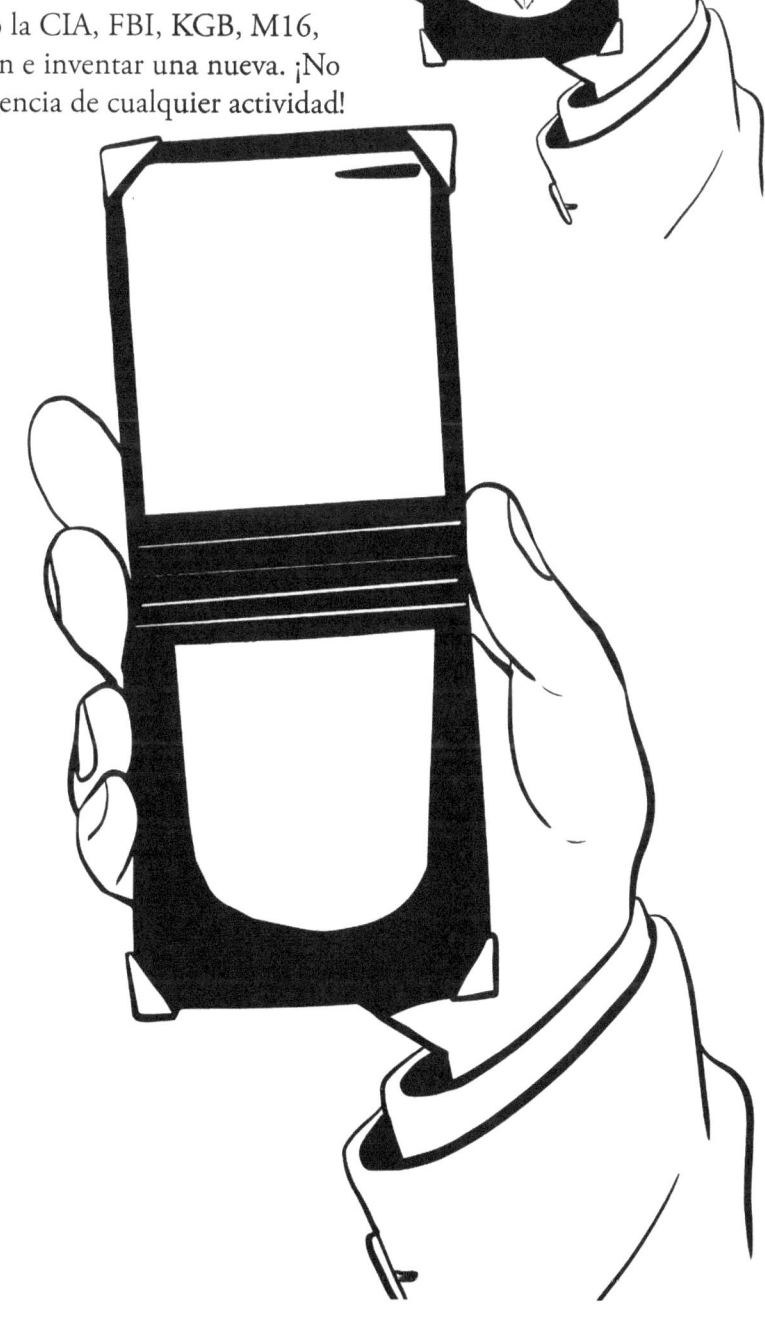

Datos del agente

Nombre de la organización:

Nombre del agente:

Fecha de nacimiento:

Nacionalidad:

Unidad:

Perfil del agente

Nombre secreto:

Descripción física:

Talentos especiales:

Objetos especiales:

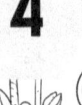

12 **La Cultura -** Usa el espacio de abajo para tomar apuntes. ¿Qué aprendiste de este capítulo?

gente famosa   historia   expresiones   comida

geografía   lugares   arte   ¿algo más?

LOS OJOS DE GOYA
CAPÍTULO CINCO
EL UNIVERSO PATAS ARRIBA

Muerte de Juan Escobedo – Hacia 1879 – El Prado

① Vocabulario

1. furniture -
2. floor -
3. value -
4. card -
5. he gave her -
6. took -
7. sentence -
8. extremely -
9. expensive -
10. she lied -
11. pocket -
12. she followed her -
13. envelope -
14. key -
15. a safe -
16. to trust -
17. danger -
18. to be fed up with -

Busca la palabra

estar harto/a de
el sobre
confiar
la tarjeta
le dio
el peligro
sumamente
el bolsillo
caro   la frase
el suelo   los muebles
la siguió   la llave
mintió
una caja fuerte
el valor   tomó

② Resuelve la cifra con las letras rodeadas por un círculo.

¿__ __ __ __ __?

*pista: es un verbo

1. Es lo contrario de barato. Si cuesta mucho dinero, es algo muy ___ ___ ◯___ .

2. Es una parte de los pantalones. Es el ◯___ ___ ___ ___ ___ ___ ___ ___ .

3. Los amigos dicen la verdad. Puedes ___ ___ ___ ___ ___ ___ en ellos.

4. Es algo que usas para abrir una puerta. Es una ___ ___ ◯___ ___ .

5. Es algo que usas para mandar una carta. Puede ser blanco. Es un ___ ___ ◯___ ___ .

3 Antes de Leer - Contesta con oraciones completas.

1. ¿En quién confías siempre?

2. ¿De qué estás harto/a?

3. ¿Qué es algo sumamente importante para ti?

4. ¿Qué guardas normalmente en los bolsillos?

5. ¿Qué puedes guardar en una caja fuerte?

4 ¿Quién de la clase? - Entrevista a tus compañeros de clase.

¿Qué?	¿Quién?	¿Cómo?	¿Cuándo?	¿Cuál?	¿Cuánto?	¿Dónde?	¿Adónde?

	Nombre	Más información

1. ¿Siempre dices la verdad?

2. ¿Visitas tiendas de antigüedades?

3. ¿Tienes antigüedades en tu casa?

4. ¿Tienes una frase o una palabra secreta con tus amigos?

5. ¿Tienes un reloj especial de tu familia?

 Escribe oraciones completas abajo con la información de tu entrevista.

⑤ ¿Comprendiste? Contesta con oraciones completas.

1. ¿Cómo parecía la tienda de antigüedades cuando Montse y el detective entraron?

2. ¿Qué le dio el detective a Montse en la tienda?

3. ¿Qué símbolo había en la tarjeta?

4. ¿Por qué quería hablar el detective Franco con Montse?

5. Según el detective Franco, ¿qué es la Garduña?

6. ¿Qué cosas raras observó Montse del detective Franco?

7. ¿Dónde estaba Jimena cuando Montse salió de la tienda de antigüedades?

8. Las dos chicas fueron a la tienda de cerámica del padre de Jimena. ¿Dónde estaban sus padres?

9. ¿Qué necesitaban las chicas para entrar en la tienda de cerámica?

10. ¿Qué había en el sobre que tenía Jimena?

⑥ ¡Antigüedades!

¿Cuántas antigüedades puedes nombrar?

7 **Ordenar los eventos -** Ordena los eventos del capítulo para resolver la cifra de abajo.

Escribe el orden de los eventos usando los números del 1 al 10 en la primera columna. Después, usa las letras que van con los números para resolver el rompecabezas.

¡ $\overline{5}$ $\overline{7}$ $\overline{7}$ $\overline{1}$ $\overline{¿?}$ $\overline{1}$ $\overline{9}$ $\overline{1}$ $\overline{4}$ $\overline{1}$ $\overline{¿?}$

$\overline{3}$ $\overline{5}$ $\overline{8}$ $\overline{7}$ $\overline{2}$ $\overline{7}$ $\overline{10}$

$\overline{3}$ $\overline{10}$ $\overline{4}$ $\overline{¿?}$ $\overline{2}$ $\overline{6}$ $\overline{2}$ $\overline{¿?}$ $\overline{8}$ $\overline{2}$!

	M	Montse salió de la tienda y buscó a Jimena.
	O	Montse y Jimena entraron en la tienda de cerámica.
	N	El detective dijo que el padre de Montse trabajaba con la mafia.
	I	Jimena y Montse llegaron a la tienda de cerámica.
	C	El detective Franco le dio una tarjeta a Montse con una frase rara.
	E	Montse vio el desorden total dentro de la tienda de antigüedades.
	D	Jimena y Montse corrieron por las calles pequeñas de Triana.
	U	Montse observó el reloj caro del detective Franco. Era un Rolex Oyster.
	A	El detective explicó que los ladrones no habían robado nada de valor.
	T	Jimena explicó que tenía un sobre del padre de Montse.

⑧ Gramática
El Pretérito

El ladrón abr<u>ió</u> la caja fuerte y escap<u>ó</u> con el dinero.

Verbos AR

HABLAR	
habl<u>é</u>	habl<u>amos</u>
habl<u>aste</u>	habl<u>asteis</u>
habl<u>ó</u>	habl<u>aron</u>

Verbos ER & IR

COMER	
com<u>í</u>	com<u>imos</u>
com<u>iste</u>	com<u>isteis</u>
com<u>ió</u>	com<u>ieron</u>

 **Elige el verbo más lógico y escribe la forma correcta del verbo en <u>pretérito regular.</u>**

1. Ayer, yo _____ una paella de marisco para mis amigos. (**cocinar, hablar**)

2. El detective _____ a la escena del crimen a las dos de la tarde. (**llegar, leer**)

3. La madre de Montse _____ hace muchos años. (**leer, desaparecer**)

4. Nosotros _____ en la fiesta porque la música fue buena. (**dormir, bailar**)

5. La policía _____ a Montse cruzar la cinta amarilla. (**prohibir, tirar**)

6. Montse y Jimena _____ porque tenían miedo. (**esconderse, tomar**)

7. Tú me _____ por teléfono la semana pasada. (**llamar, leer**)

8. El profesor _____ las pinturas a los estudiantes. (**cocinar, explicar**)

9. Tú nunca _____ en España como yo. (**dividir, vivir**)

10. Las chicas _____ en las respuestas del examen. (**pensar, comprar**)

11. Los padres de Jimena _____ en la tienda ayer. (**trabajar, abrir**)

12. ¡Nadie le _____ nada al profesor! (**cerrar, preguntar**)

Hmmm... alguien camin<u>ó</u> aquí...

⑨ Escribir - Escribe sobre esta escena del libro. Usa el vocabulario de este capítulo.

_____

_____

_____

_____

_____

_____

_____

_____

_____

_____

10 **Ladrones -** ¡Ayuda al ladrón!

**abre
la caja fuerte
con el código**

— — — — — — — —

el código

Busca el sendero entre los relojes de la tienda de antigüedades para llegar hasta la caja fuerte.
El camino correcto tiene los números que necesitas para abrir la caja fuerte.

⑪ La Cultura - Usa el espacio de abajo para tomar apuntes. ¿Qué aprendiste de este capítulo?

gente famosa   historia   expresiones   comida

geografía   lugares   arte   ¿algo más?

LOS OJOS DE GOYA
CAPÍTULO SEIS
EL SECRETO DE GOYA

El sueño de la razón produce monstruos.

—Francisco de Goya y Lucientes

① Vocabulario

1. pendant -
2. necklace -
3. parchment paper -
4. scholarship -
5. king and queen -
6. the royal court -
7. drive mad (crazy) -
8. developed -
9. clue -
10. left behind -
11. to run away -
12. changed -
13. nightmares -
14. kiln, oven -
15. bells -

Busca la palabra

huir

el colgante

cambió

el collar

la beca

dejó

el horno

la pista

los reyes

el pergamino

volver loco

las pesadillas

desarrolló

el Corte real

las campanillas

② ¿Puedes adivinar el significado de estas palabras?

1. el científico -
2. la poción -
3. un triángulo -
4. la víctima -
5. descubierto -
6. localización -
7. la fórmula -
8. destruye -
9. reconoció -
10. el gobierno -

¡OJO!

Algunas palabras son amigos falsos.

1. las armas = weapons
2. el éxito = success
3. actualmente = currently
4. recordar = to remember
5. la carta = letter

❸ Antes de Leer - Contesta con oraciones completas.

1. ¿Qué te vuelve loco?

2. ¿Qué es un lugar especial para ti?

3. ¿Usas el horno mucho en casa?

4. ¿Cómo se llama la residencia oficial de los reyes de España?

5. ¿Qué tipos de becas existen para los universitarios?

❹ ¿Quién de la clase? - Entrevista a tus compañeros de clase.

¿Qué?	¿Quién?	¿Cómo?	¿Cuándo?	¿Cuál?	¿Cuánto?	¿Dónde?	¿Adónde?

<u>Nombre</u>   <u>Más información</u>

1. ¿Tienes un colgante o collar especial?

2. ¿Tienes muchas pesadillas?

3. ¿Sabes guardar secretos?

4. ¿Quieres ser científico en el futuro?

5. ¿Te gusta hacer cerámica?

 **Escribe oraciones completas abajo con la información de tu entrevista.**

⑤ ¿Comprendiste? Contesta con oraciones completas.

1. ¿Cómo entraron Montse y Jimena en la tienda de cerámica?

2. ¿Qué pasó cuando Montse llamó a su padre por teléfono?

3. ¿Qué había en el sobre del padre de Montse?

4. ¿Por qué huyó el padre de Montse a Madrid?

5. Según la carta, ¿qué secreto terrible descubrió la madre de Montse?

6. ¿Cómo se llamaba la poción que la Inquisición española desarrolló?

7. ¿Qué efecto tenía la poción en sus víctimas?

8. ¿Por qué los científicos tuvieron que esconder la fórmula?

9. Según la carta, ¿quién es el líder de la Garduña?

10. ¿Qué oyeron las chicas al final de este capítulo?

⑥ ¡A dibujar! Dibuja el laboratorio del científico de la Corte real de Carlos IV, el rey de España.

7  **¿Quién lo dijo? ¿Quién lo escribió?**

**¿Jimena, Montse, Miguel (el padre de Montse),
o Magdalena (la madre de Montse)?**

1. _____ Mi padre no contesta.

2. _____ Venga, abre el sobre de tu padre. Tenemos que saber la verdad.

3. _____ Sabemos que al final de su vida, Goya también sufría de locura.

4. _____ Su cliente tenía un ojo de cada color, uno verde y otro marrón.

5. _____ Te dejo este colgante y el poema del pergamino para que me puedas encontrar.

6. _____ ¡Será imposible encontrarle en una ciudad tan grande!

7. _____ Tenemos que ir a Madrid a buscar a tu padre.

8. _____ Pero Montse, ¡llamaste a tu padre cuando llegamos aquí!

8 **¿Qué piensas tú?** - Contesta con oraciones completas.

1. Hoy día, la gente no escribe muchas cartas. ¿Deberíamos escribir más? ¿Por qué?

2. En tu opinión, ¿deben los gobiernos esconder secretos a sus ciudadanos?

3. En tu opinión, ¿Por qué son importantes los recuerdos de tu familia?

4. El sobre contiene un poema del padre, pero Montse no lo lee en este capítulo. ¿De qué puede hablar?

5. Al final de este capítulo, alguien entra en la tienda. ¿Quién puede ser?

 **Gramática** - Elige la forma correcta del verbo entre paréntesis.

❀ **Pretérito**

Imperfecto

1. Yo siempre _____ mucho chocolate en las fiestas. (**comí, comía**)

2. El artista _____ su cuadro en la exposición de ayer. (**explicó, explicaba**)

3. La policía _____ controlando a la gente. (**estuvo, estaba**)

4. Ellas oyeron las campanillas cuando el ladrón _____ en la tienda. (**entró, entraba**)

5. Tú me _____ a menudo cuando éramos jóvenes. (**visitaste, visitabas**)

6. Las macetas y los azulejos _____ muy bonitos. (**estuvieron, eran**)

7. Nosotros _____ películas policíacas cada sábado (**vimos, veíamos**)

8. A mis amigos no les _____ estudiar en verano. (**gustó, gustaba**)

9. De repente, Montse _____ a llorar. (**empezó, empezaba**)

10. Antes de entrar, Montse _____ a su padre, pero él no contestó. (**llamó, llamaba**)

11. _____ mucho calor así que Montse se sentó en un banco para descansar. (**hacía, hizo**)

12. Montse y Jimena _____ a leer la carta juntas. (**empezaron, empezaban**)

13. Hace una semana, yo _____ a la tienda con mi mejor amiga. (**fui, iba**)

14. Primero, abrí el sobre, y después _____ la carta. (**leí, leía**)

15. Mi madre siempre me _____ que yo era muy inteligente. (**dijo, decía**)

10 **Escribir -** Escribe sobre esta escena del libro. Usa el vocabulario nuevo de este capítulo.

La cerámica - Colorea los azulejos y las macetas de la tienda de los padres de Jimena.

Los Azulejos

Las Macetas

¡Haz un nuevo dibujo!

 **¿Sabías qué... ?**

El arte de la cerámica

Sevilla es famosa por sus azulejos y cerámica. Los azulejos son baldosas (tiles) pintadas que puedes ver en los suelos y paredes. Muchos azulejos están pintados a mano. Puedes encontrar tiendas de cerámica en el barrio de Triana y en el barrio de Santa Cruz, cerca de la catedral.

¿Qué más puedes encontrar en Internet sobre los azulejos y la cerámica de España?

 13 **La Cultura -** Usa el espacio de abajo para tomar apuntes. ¿Qué aprendiste de este capítulo?

gente famosa	historia	expresiones	comida
geografía	lugares	arte	¿algo más?

LOS OJOS DE GOYA
CAPÍTULO SIETE
EL ESCAPE

No se oía ni una mosca en la tienda...

Shhh... Hay alguien allí.

1 Vocabulario

1. grabbed -
2. crouched down -
3. pushed -
4. continued / followed -
5. chased -
6. stayed /remained -
7. ran away / fled -
8. arrived -
9. went quiet -
10. turned -
11. avoided -
12. to crawl -
13. aisle -
14. shelves -
15. intruder -
16. footsteps -
17. street -
18. castle -
19. rear view mirror -
20. blood -

Busca la palabra

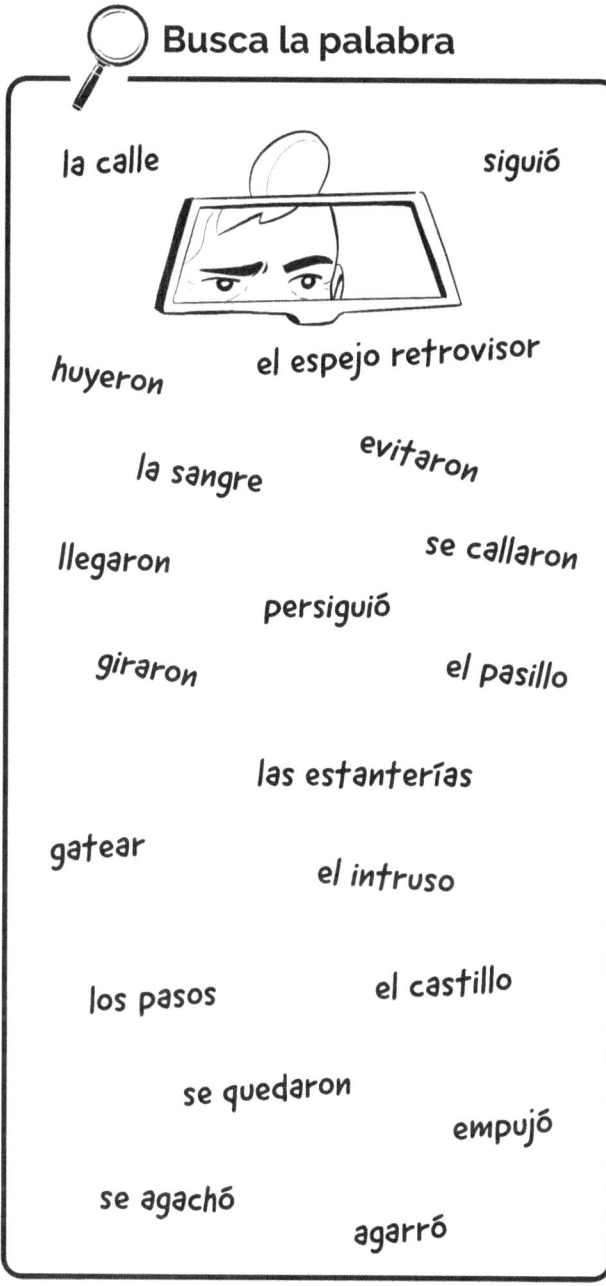

la calle

siguió

huyeron

el espejo retrovisor

la sangre

evitaron

llegaron

se callaron

persiguió

giraron

el pasillo

las estanterías

gatear

el intruso

los pasos

el castillo

se quedaron

empujó

se agachó

agarró

2 Rellena el espacio con una de las palabras de arriba.

1. Montse podía ver los ojos del taxista en _____ .

2. Los azulejos y macetas estaban encima de _____ de la tienda.

3. Los reyes vivían en un _____ con muros muy grandes. Era una fortaleza.

4. Los dos amigos _____ cuando la película empezó. No hablaron más.

5. El policía _____ al ladrón por las pequeñas calles de Sevilla.

❸ Antes de Leer - Contesta con oraciones completas.

1. ¿Cuándo necesitas gatear?

2. ¿Qué hay en las estanterías de tu casa?

3. ¿Cuándo necesitas quedarte callado?

4. Describe una película o un programa de acción que te guste.

❹ ¿Quién de la clase? - Entrevista a tus compañeros de clase.

¿Qué?	¿Quién?	¿Cómo?	¿Cuándo?	¿Cuál?	¿Cuánto?	¿Dónde?	¿Adónde?

<u>Nombre</u>　　　　　<u>Más información</u>

1. ¿Sabes cómo hacer cerámica?

2. ¿Huyes de personas o monstruos en tus pesadillas?

3. ¿Puedes visitar un castillo en la ciudad donde vives?

4. ¿Vives en una calle muy larga?

5. ¿Recibes muchos mensajes por teléfono?

 Escribe oraciones completas abajo con la información de tu entrevista.

5 **¿Comprendiste?** Contesta estas preguntas con oraciones completas.

1. ¿Quién caminó de puntillas para ver quien estaba en la tienda?

2. ¿Por qué era difícil ver bien en la tienda?

3. ¿Por dónde gatearon Montse y Jimena para escapar del intruso?

4. ¿Cómo se sentía Montse cuando vio la sombra del intruso?

5. ¿Qué pasó con el teléfono de Jimena?

6. ¿Qué hizo Jimena cuando vio al intruso agarrando el tobillo de Montse?

7. ¿Qué pasó justo cuando Montse y Jimena salieron de la tienda?

8. ¿Cómo entraron Montse y Jimena al mercado? ¿Cómo salieron?

9. ¿Qué tenía el hombre que salió del mercado?

10. ¿A quién vio Montse cuando pasaron en taxi por delante del mercado?

6 **¡A dibujar!** En este capítulo, Montse y Jimena *gatean* para escapar de la tienda.

¿Qué significan estos proverbios de gatos?

El gato y el ratón nunca son de la misma opinión.

Cuando el gato está ausente, los ratones se divierten.

Ella tiene más vidas que un gato.

Mucho sabe el ratón, pero más el gato.

¿Se te ha comido la lengua el gato?

---

7 **Ordenar los eventos -** Ordena los eventos del capítulo para resolver la cifra de abajo.

Escribe el orden de los eventos usando los números del 1 al 10 en la primera columna. Después, usa las letras que van con los números para resolver el rompecabezas.

¡ $\overline{5}$ $\overline{¿?}$ $\overline{3}$ $\overline{1}$ $\overline{2}$ $\overline{1}$ $\overline{2}$ $\overline{6}$ $\overline{4}$

$\overline{5}$ $\overline{¿?}$ $\overline{9}$ $\overline{5}$ $\overline{4}$ $\overline{3}$ $\overline{1}$ $\overline{8}$ $\overline{6}$

$\overline{8}$ $\overline{5}$ $\overline{7}$ $\overline{4}$ $\overline{10}$ $\overline{1}$ $\overline{¿?}$ $\overline{1}$!

	D	Las dos amigas corrieron por las calles hasta llegar al Mercado de Triana.
	A	Montse susurró —¿Qué haces, tía? ¿Estás loca?
	T	Al salir de la tienda, Montse y Jimena casi tropezaron con un coche negro.
	I	Montse vio al señor Figuero saliendo del mercado detrás del intruso.
	O	Jimena lanzó un plato a la cabeza del intruso.
	P	Jimena caminó de puntillas hasta la puerta para ver quién estaba en la tienda.
	R	El teléfono de Jimena sonó con el <<¡BIP!>> de un mensaje de texto.
	E	El intruso agarró el tobillo de Montse.
	M	Montse y Jimena escaparon por el Mercado y subieron a un taxi.
	C	Montse y Jimena empezaron a gatear detrás de las estanterías.

⑧ Gramática - El Pretérito Irregular de algunos verbos importantes

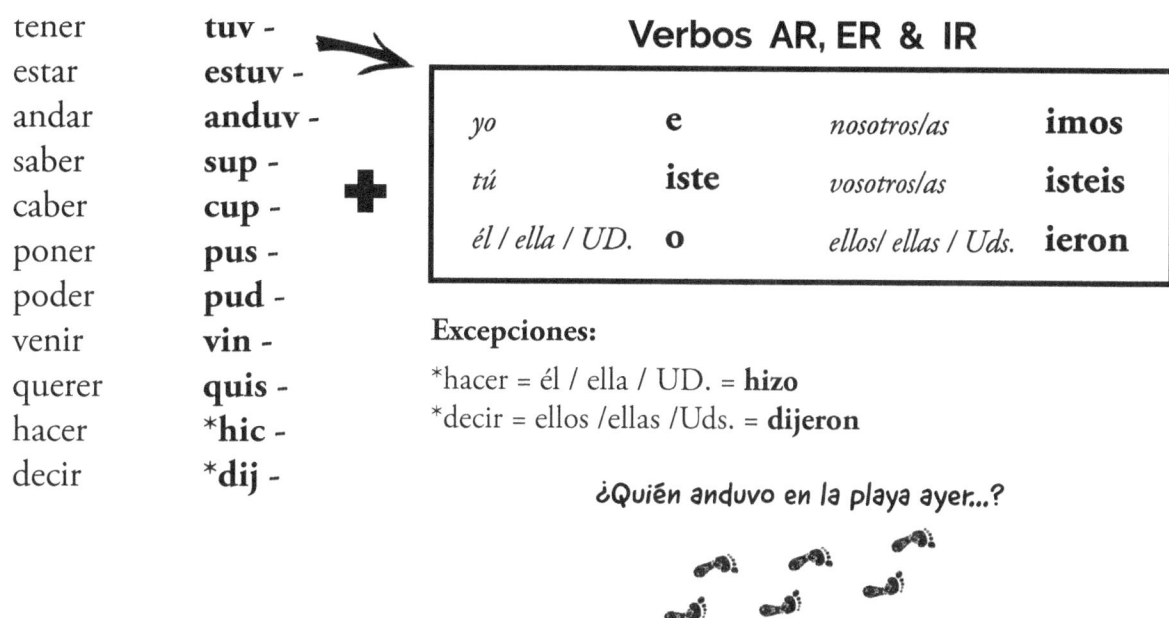

tener	**tuv -**
estar	**estuv -**
andar	**anduv -**
saber	**sup -**
caber	**cup -**
poner	**pus -**
poder	**pud -**
venir	**vin -**
querer	**quis -**
hacer	***hic -**
decir	***dij -**

Verbos AR, ER & IR

yo	**e**	nosotros/as	**imos**
tú	**iste**	vosotros/as	**isteis**
él / ella / UD.	**o**	ellos/ ellas / Uds.	**ieron**

Excepciones:

*hacer = él / ella / UD. = **hizo**
*decir = ellos /ellas /Uds. = **dijeron**

¿Quién anduvo en la playa ayer...?

Elige el verbo más lógico y escribe la forma correcta del <u>pretérito irregular</u>.

1. Los turistas no _____ visitar la tienda porque estaba cerrada. (**caber, poder**)

2. Hace una semana, ellos _____ que hablar con la policía. (**poner, tener**)

3. El intruso _____ entrar en la tienda en secreto. (**querer, decir**)

4. Nosotras _____ anoche en el concierto de flamenco. (**estar, poner**)

5. El investigador _____ que los criminales se escaparon con el dinero. (**venir, decir**)

6. Las dos amigas _____ el trabajo juntas para terminar pronto. (**hacer, estar**)

7. ¡Anoche tú no _____ a mi fiesta de cumpleaños! ¿Por qué? (**venir, poner**)

8. De repente, yo _____ que el hombre me estaba mintiendo. (**saber, venir**)

9. Mi amigo y yo _____ en el parque ayer. ¡Qué bonito! (**saber, andar**)

10. Tú _____ ayer el marisco en la bolsa, ¿verdad? (**andar, poner**)

11. El verano pasado yo _____ una paella para mi mejor amigo. (**decir, hacer**)

12. ¡Todo el mundo _____ que correr mucho en el partido! (**tener, caber**)

Escribir - Escribe sobre esta escena del libro. Usa el vocabulario nuevo de este capítulo.

_____

_____

_____

_____

_____

_____

_____

_____

_____

_____

_____

Escribir - Escribe sobre esta escena del libro. Usa el vocabulario de este capítulo.

_____

_____

_____

_____

_____

_____

_____

_____

_____

_____

_____

 **CAPÍTULO 7**

11 Tira Cómica: Elige una de las dos opciones de abajo y dibuja una tira cómica. Incluye un diálogo.

Opción Una: Dibuja lo que pasó en este capítulo. Incluye escenas extra.

Opción Dos: Dibuja una escena de acción de una película famosa.

Expresiones divertidas

¡De repente!	*Suddenly!*	¡Vaya!	*Wow!*
¡Qué lástima!	*What a pity!*	¿De verdad?	*Really?*
¡Ten cuidado!	*Be careful!*	¡JA, JA, JA!	*HA, HA, HA!*

EL TÍTULO _____

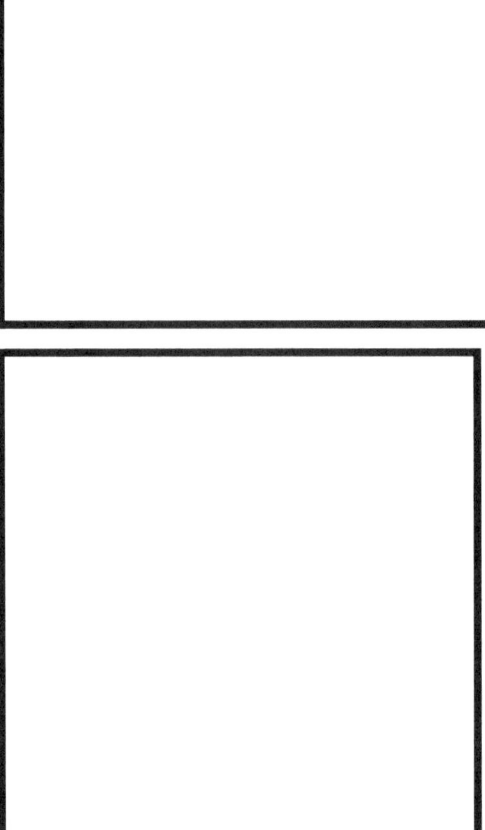

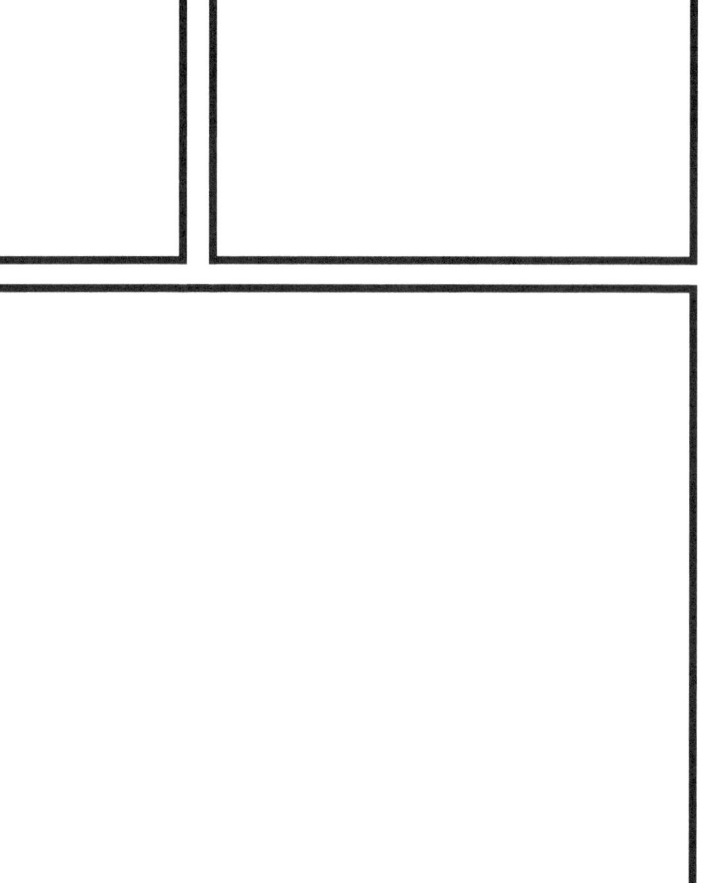

12 ¡A Colorear!

¡CUIDADO, JIMENA!

⑬ La Cultura - Usa el espacio de abajo para tomar apuntes. ¿Qué aprendiste de este capítulo?

gente famosa   historia   expresiones   comida

geografía   lugares   arte   ¿algo más?

LOS OJOS DE GOYA
CAPÍTULO OCHO
EL ESCAPE

Caminante, no hay camino,
se hace camino al andar.

—Antonio Machado

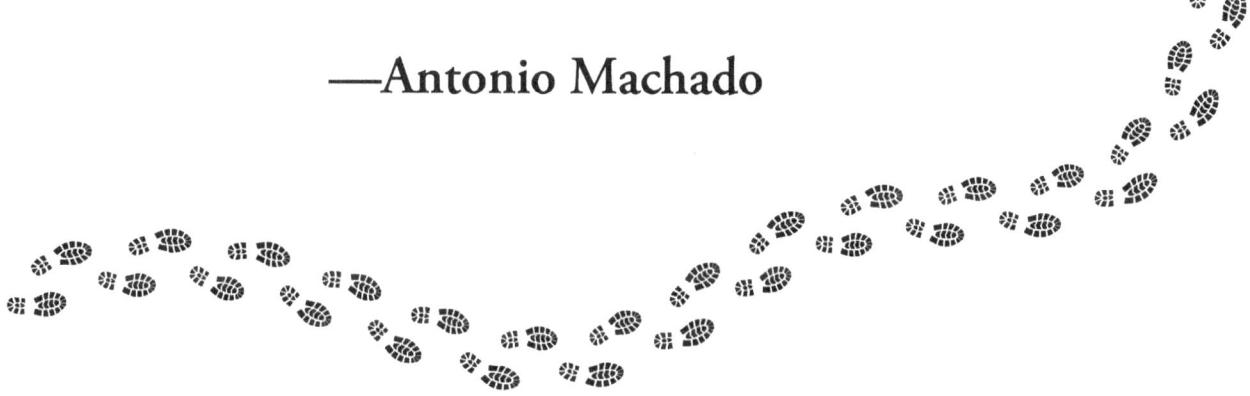

Vuelva usted mañana.

—anónimo

① Vocabulario

1. thieves -

2. I trust -

3. tickets -

4. sandwich (sub) -

5. Put on! -

6. furthermore -

7. shadow -

8. fell asleep -

9. lenses -

10. to disguise yourself -

11. scarf -

12. lied -

13. to remember -

14. you gave him -

15. I'm sure -

16. I left it -

17. memories -

18. scared -

19. key (moment) -

20. don't forget them -

Busca la palabra

disfrazarse

mintió

asustado

los ladrones

la clave

además

la sombra

se durmió

los billetes

los lentes

confío

ponte

recordar

el bocadillo

le diste

la dejé

estoy seguro

los recuerdos

no los olvides

la bufanda

② Rellena el espacio con una de las palabras de arriba.

1. Mi amiga tenía mucho frío así que se puso una _____ .

2. El otro día yo tenía mucha hambre así que me comí _____ de tortilla española.

3. A mi amigo no le gustan las películas de terror. Estaba muy _____ en el cine.

4. A veces, cambiar de perspectiva es la _____ para resolver los problemas.

5. Vi una _____ inmensa de un monstruo y tenía mucho miedo.

 **Antes de Leer** - Contesta con oraciones completas.

1. ¿Qué compras cuando tienes hambre?

2. ¿Cuándo te pones un disfraz?

3. ¿Cómo resuelves los problemas difíciles?

4. ¿De qué hablas con tus amigos?

5. ¿Cuándo lees poesía?

 ¿Quién de la clase? - Entrevista a tus compañeros de clase.

¿Qué?	¿Quién?	¿Cómo?	¿Cuándo?	¿Cuál?	¿Cuánto?	¿Dónde?	¿Adónde?

Nombre   Más información

1. ¿Te gusta llevar disfraces?

2. ¿Te gusta escribir poesía?

3. ¿Has viajado en un tren de alta velocidad?

4. ¿Has tomado un taxi alguna vez?

5. ¿Has hecho un viaje largo en tren?

 Escribe oraciones completas abajo con la información de tu entrevista.

5 **¿Comprendiste?** Contesta con oraciones completas.

1. ¿Qué les preguntó el taxista a Montse y a Jimena?

2. ¿Por qué le mintió Jimena al taxista?

3. Según el taxista, ¿Qué hay siempre en las estaciones de tren?

4. ¿Qué tipo de bocadillo quería comprar Jimena?

5. ¿Qué compró Jimena para disfrazarse?

6. ¿Qué dejó Montse en la tienda de cerámica?

7. ¿Qué tenía la mujer sentada a la derecha de Montse en el tren?

8. ¿Qué recordó Montse cuando vio a la mujer en el tren?

9. ¿Cómo se sentía Montse después de leer el poema de su padre?

10. ¿En que pensó Montse justo antes de dormirse?

6 **¡A dibujar!** En este capítulo, Montse se durmió en el AVE. En tu opinión, ¿Con qué va a soñar?

Usa tu imaginación y dibuja el sueño de Montse.

7 ¿Quién lo dijo? ¿Quién lo escribió?

¿Jimena, Montse, Miguel (el padre de Montse), o el taxista?

1. _____ ¿Adónde van con tanta prisa, señoritas?

2. _____ No lo entiendo. Aquí no hay nada. Es solo un poema.

3. _____ ¡Tengan cuidado! Siempre hay ladrones en las estaciones de tren.

4. _____ ¡Tenemos que disfrazarnos y yo no voy a ponerme un bigote postizo!

5. _____ Vamos a coger el tren a Málaga para visitar a unos amigos.

6. _____ Dejé la carta en la tienda.

7. _____ Sabes que te quiero más que al universo.

8. _____ Los recuerdos nos juntan en los momentos claves de la vida.

8 ¿Qué piensas tú? - Contesta con oraciones completas.

1. En tu opinión, ¿Cuál es mejor, viajar en tren o viajar en avión? Explica.

2. ¿Crees que debemos leer más poesía en la escuela?

3. Escribe abajo un poema breve en español. ¡Venga! ¡Inténtalo!

⑨ Gramática

Los cambios son solo en la forma de YO.

¡Yo soy especial!

¡Yo toqué la guitarra anoche!

El Pretérito de los verbos -CAR, -GAR y -ZAR.

CAR (yo sa<u>qué</u>)

SACAR	
sa<u>qué</u>	sac<u>amos</u>
sac<u>aste</u>	sac<u>asteis</u>
sac<u>ó</u>	sac<u>aron</u>

GAR (yo pa<u>gué</u>)

PAGAR	
pa<u>gué</u>	pa<u>gamos</u>
pa<u>gaste</u>	pa<u>gasteis</u>
pa<u>gó</u>	pa<u>garon</u>

ZAR (yo re<u>cé</u>)

REZAR	
re<u>cé</u>	rez<u>amos</u>
rez<u>aste</u>	rez<u>asteis</u>
rez<u>ó</u>	rez<u>aron</u>

Elige el verbo más lógico y escribe la forma correcta del verbo en el <u>pretérito</u>.

1. Tú _____ por el taxi ayer con tarjeta de crédito, ¿verdad? (**pagar, sacar**)

2. Yo _____ justo a tiempo para ver el partido de fútbol. (**llegar, rezar**)

3. Yo no _____ a estudiar español hasta que tenía quince años. (**tocar, empezar**)

4. Nosotros _____ en el partido de baloncesto ayer y ganamos. (**jugar, buscar**)

5. Yo _____ la respuesta en internet pero no la encontré. (**llegar, buscar**)

6. El detective _____ el crimen el año pasado. (**criticar, investigar**)

7. ¡Yo no te _____ anoche en la tienda! ¡Fue el ladrón! (**atacar, comenzar**)

8. Hace dos años, yo _____ un nuevo curso de estudios. (**comenzar, tocar**)

9. Montse _____ a llorar porque estaba frustrada. (**modificar, empezar**)

10. Yo te _____ todo lo que pasó anoche. (**jugar, explicar**)

11. Amelia _____ todos los detalles del viaje para nosotros. (**organizar, tocar**)

12. ¡Yo _____ las luces y de repente todo estaba oscuro! (**apagar, pagar**)

⑩ Escribir - Escribe sobre esta escena del libro. Usa el vocabulario nuevo de este capítulo.

_____

_____

_____

_____

_____

_____

_____

_____

_____

_____

11 Montse y Jimena llevan un disfraz (gafas de sol y una bufanda) para esconderse de la Garduña.

Imagina que tienes que llevar un disfraz para escapar de una situación peligrosa.
¡Dibuja el disfraz que llevarías!

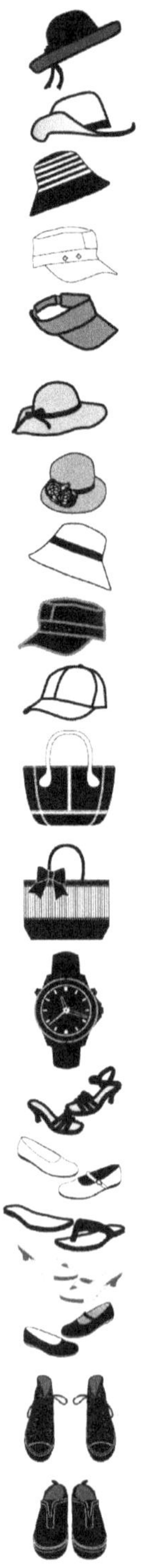

¿Sabías qué... ?

El AVE es el famoso tren de alta velocidad de España. Las letras AVE significan Alta Velocidad Española. ¿Qué más información interesante puedes encontrar sobre este tren tan rápido? ¿Cómo funcionan? ¿Cuánto cuesta un billete entre Sevilla y Madrid? ¿Qué más?

¿Qué más puedes encontrar en internet sobre el AVE de España?

13 **La Cultura -** Usa el espacio de abajo para tomar apuntes. ¿Qué aprendiste de este capítulo?

gente famosa   historia   expresiones   comida

geografía   lugares   arte   ¿algo más?

LOS OJOS DE GOYA
CAPÍTULO NUEVE
LOS TRIÁNGULOS

Procura que los sueños se vuelvan metas y no que se queden en sueños.

—Diego Rodríguez de Silva y Velázquez

Las meninas de Diego Velázquez

① Vocabulario

1. dream -
2. disguise, costume -
3. painting -
4. masterpiece -
5. has to be -
6. passengers -
7. to change -
8. parchment -
9. give me -
10. looked at each other -
11. almost -
12. luck -
13. they just -
14. voice -
15. remained -
16. turned around -
17. escalators -
18. bandage -
19. riddle -
20. whispered -

Busca la palabra

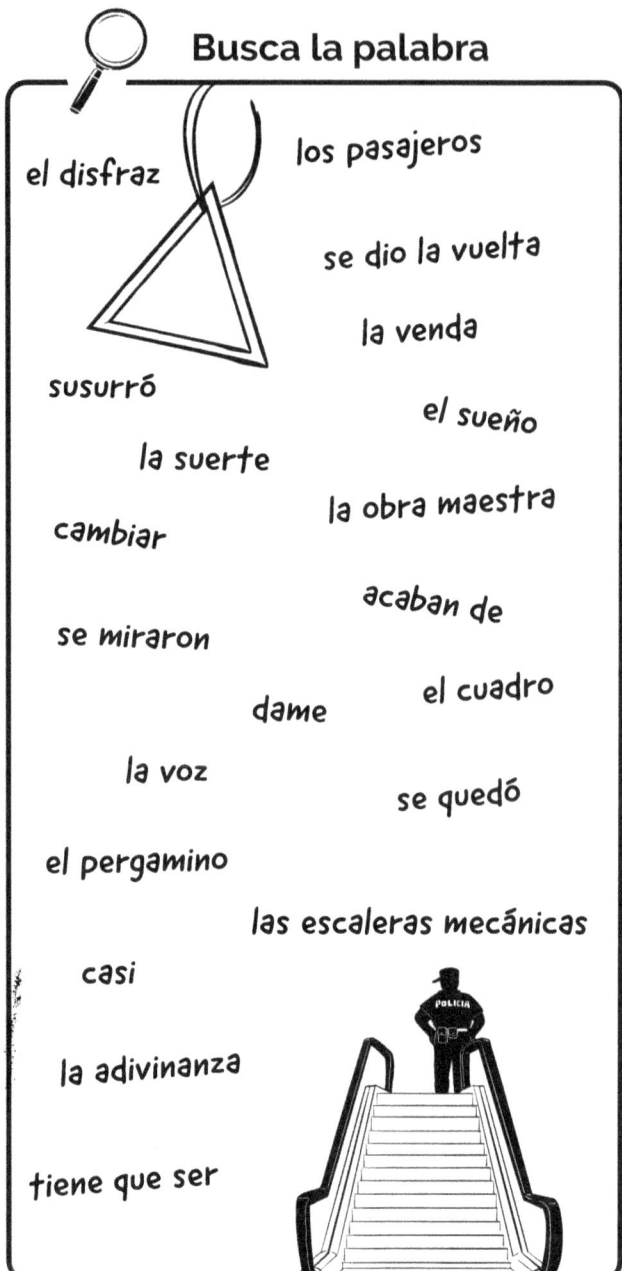

el disfraz
los pasajeros
se dio la vuelta
la venda
susurró
el sueño
la suerte
la obra maestra
cambiar
acaban de
se miraron
el cuadro
dame
se quedó
la voz
el pergamino
las escaleras mecánicas
casi
la adivinanza
tiene que ser

② Antes de Leer - Contesta con oraciones completas.

1. ¿Tienes buena suerte o mala suerte? Explica.

2. ¿Tienes algún recuerdo tuyo de cuando eras joven? Descríbelo.

3. ¿Qué acabas de hacer hoy en clase?

4. ¿Qué haces cuando tienes miedo?

El sapo de otro pozo. Elige la palabra que no tenga relación. Explica por qué la has elegido.

1. los pasajeros	las escaleras mecánicas	se miraron
2. la obra maestra	la adivinanza	el cuadro
3. la disfraz	la suerte	la adivinanza

 ¿Quién de la clase? - Entrevista a tus compañeros de clase.

¿Qué?	¿Quién?	¿Cómo?	¿Cuándo?	¿Cuál?	¿Cuánto?	¿Dónde?	¿Adónde?

Nombre **Más información**

1. ¿Conoces una adivinanza difícil para ti?

2. ¿Te gusta subir y bajar escaleras mecánicas?

3. ¿Te gusta cambiar la decoración de tu dormitorio?

4. ¿Has visto alguna obra maestra?

5. ¿Has tenido un sueño extraño?

 Escribe oraciones completas abajo con la información de tu entrevista.

⑤ ¿Comprendiste? Contesta con oraciones completas.

1. ¿Dónde estaba Montse en su sueño?

2. En tu opinión, ¿cuántos años tenía Montse en su sueño?

3. ¿Cómo se llama la pintura de Velázquez que estaba recreando la familia de Montse?

4. Velázquez trabajó en la Corte Real de Madrid. Sin embargo, ¿de dónde era Velázquez?

5. A Magdalena, la madre de Montse, le gustan los perros. ¿Qué dijo ella sobre los perros?

6. Según Magdalena, ¿por qué usan los artistas triángulos en el arte?

7. Después de su sueño, Montse se dio cuenta de que su padre escondió algo en el poema. ¿Qué era?

8. ¿Cómo resolvieron la adivinanza que el padre de Montse escondió en el poema?

9. ¿Qué vieron Montse y Jimena cuando se bajaron del tren?

10. ¿Quién les habló a Montse y a Jimena al final de este capítulo?

⑥ ¡A dibujar! En este capítulo, Montse describió el sueño que tuvo en el AVE.

¿Has tenido alguna vez un sueño raro?

¡Dibuja tu sueño aquí!

7 **¿Verdadero o Falso?** Indica si la frase es verdadera (V) o falsa (F). Si es falsa, corrígela.

1. _____ Montse se durmió en el tren y soñó con cuando ella era pequeña.

2. _____ Cuando Montse era muy joven, le encantaba recrear obras de artistas famosos.

3. _____ En el sueño de Montse, Jimena dijo que ellos tenían que ser nobles como la familia real.

4. _____ Magdalena, la madre de Montse, explicó que los círculos son muy importantes en el arte.

5. _____ Magdalena odiaba los perros y nunca quería jugar con ellos.

6. _____ Después de despertarse, Montse se dio cuenta de que el poema escondía una adivinanza.

7. _____ La mujer al lado en el tren estaba leyendo un libro de poesía de Antonio Machado.

8. _____ Montse y Jimena resolvieron la adivinanza usando el colgante triangular.

9. _____ Montse y Jimena se pusieron un bigote postizo y unas gafas de sol para disfrazarse.

10. _____ Al final de este capítulo, Montse y Jimena oyeron la voz del detective Franco detrás de ellas.

8 **El análisis de los sueños.** Dibuja una tira cómica abajo sobre el análisis de un sueño.

⑨ Gramática
El Presente Perfecto

¿?

Hmmm... ¿Qué ha pasado aquí?

El verbo HABER

yo	**he**	*nosotros/as*	**hemos**
tú	**has**	*vosotros/as*	**habéis**
él / ella / UD.	**ha**	*ellos/ ellas / Uds.*	**han**

+

verbos con AR

HABL**AR**
↓
HABL**ADO**

verbos con ER,IR

COM**ER**
↓
COM**IDO**

Elige el verbo más lógico y escribe la forma correcta del <u>presente perfecto.</u>

1. Mi jefe no me _____ _____ por el trabajo todavía. **(pagar, vivir)**

2. Yo nunca _____ _____ a Andalucía, el sur de España. **(ir, leer)**

3. ¿_____ _____ tú una paella alguna vez? **(beber, comer)**

4. Yo _____ _____ todos los poemas para mi clase de inglés. **(correr, leer)**

5. El detective _____ _____ muchos crímenes de arte. **(investigar, bajar)**

6. ¡Mis dos amigas finalmente _____ _____ a Sevilla! **(llegar, dormir)**

7. ¿_____ _____ ellos en una tienda de cerámica? **(trabajar, pensar)**

8. Nosotros _____ _____ toda la comida para la fiesta. **(leer, comprar)**

9. Tú _____ _____ en muchas ciudades diferentes, ¿verdad? **(saber, vivir)**

10. ¿_____ _____ ella el tren? ¡Va a salir de la estación pronto! **(beber, subir)**

11. Yo no _____ _____ bien esta semana, así que tengo mucho sueño. **(leer, dormir)**

12. Juan e Irma _____ _____ el nuevo mural de la escuela. **(pintar, bajar)**

Escribir - Escribe sobre esta escena del libro. Usa el vocabulario de este capítulo.

_____

_____

_____

_____

_____

_____

_____

_____

_____

_____

⑪ Críticos de arte

Las meninas de Diego Velázquez

Eres un famoso crítico de arte. Vas a hacer un análisis de esta pintura.

¿Cuál es tu opinión profesional?

 **¿Qué se ve(n)?** Ej. A la izquierda hay un hombre en el suelo.
Expresiones: Hay, está(n), se ve(n), podemos ver, parece, en el centro, al fondo, en primer plano, a la derecha, a la izquierda, arriba, abajo, sobre, al lado de, entre, etc.

 **¿Qué simboliza?** Ej. La pintura representa... El caballo simboliza...
Expresiones: Simboliza, Representa, Es obvio que, Está claro que, ...puede ser, etc.

 **¿Cuál es tu opinión sobre la obra?** Justifica tu respuesta. Ej. (No) Me gusta porque...
Expresiones: Me parece... Me gusta, Me fascina, Me interesa, Me aburre, etc.

(12) La Cultura - Usa el espacio de abajo para tomar apuntes. ¿Qué aprendiste de este capítulo?

gente famosa   historia   expresiones   comida

geografía   lugares   arte   ¿algo más?

LOS OJOS DE GOYA
CAPÍTULO DIEZ
TRUCOS DE VIEJO

Entonces, fueron detrás de la columna con el señor Figuero.

① Vocabulario

1. to help -
2. hid -
3. to argue -
4. there was / there were -
5. got on -
6. to trust -
7. stopped doing -
8. yelled -
9. grabbed -
10. empty -
11. in a hurry -
12. aisles -
13. they waited -
14. entrance -
15. safe, sure -

Busca la palabra

la entrada   había
seguro
con toda prisa   dejó de
montó   agarró
discutir
vacío   gritó
los pasillos   ayudar
esperaron
confiar
escondió

② El sapo de otro pozo. Elige la palabra que no tenga relación. Explica por qué la has elegido.

1. ayudar	seguro	confiar
2. los pasillos	la entrada	esperaron
3. escondió	gritó	agarró

Antes de Leer - Contesta con oraciones completas.

1. ¿Qué metes en tu mochila todos los días?

2. ¿Dónde puedes ver a muchos turistas?

3. ¿Cuándo necesitas esconderte?

4. ¿Cuándo discutes con otras personas?

5. ¿Por qué siempre hay policías en las estaciones de trenes?

④ ¿Quién en la clase? - Entrevista a tus compañeros de clase.

¿Qué?	¿Quién?	¿Cómo?	¿Cuándo?	¿Cuál?	¿Cuánto?	¿Dónde?	¿Adónde?

<u>Nombre</u>   <u>Más información</u>

1. ¿Sabes hacer algún truco especial?

2. ¿Sabes esconderte bien?

3. ¿Has comprado algo en una estación de tren?

4. ¿Has discutido con alguien alguna vez?

5. ¿Has perdido algo importante alguna vez?

 Escribe oraciones completas abajo con la información de tu entrevista.

 **¿Comprendiste?** Contesta con oraciones completas.

1. ¿Dónde se escondieron el señor Figuero y las dos chicas para hablar?

2. ¿Por qué fueron las dos chicas detrás de la columna para hablar con el señor Figuero?

3. Según el señor Figuero, ¿por qué estaba allí en Madrid?

4. Según el señor Figuero, ¿a quién conocía bien desde hace muchos años?

5. ¿Qué usaron Montse y Jimena para esconderse de la policía?

6. ¿Dónde se escondieron Montse y Jimena cuando subieron las escaleras mecánicas?

7. ¿Qué idioma hablaban los dos turistas con las mochilas grandes?

8. Después de escapar de la policía, ¿adónde fueron Montse y Jimena?

9. ¿Cuál fue el truco del señor Figuero?

10. ¿Adónde fueron el señor Figuero, Montse y Jimena al final de este capítulo?

6 **¡Vamos a jugar a Veinte Preguntas! ¡Juega con un amigo!**

- Una persona piensa en una palabra de las categorías de abajo.
- Elige palabras de la novela para las primeras rondas.
- Todas las preguntas deben tener respuestas de SÍ o NO
- Tienes solamente veinte preguntas.
- ¡Juega varias rondas!

Las Categorias

¿? Lugar

¿? Persona / animal / personaje

¿? Objeto / cosa

 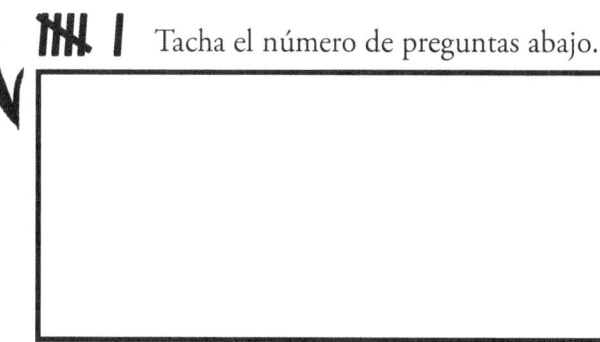
Tacha el número de preguntas abajo.

7 **Ordenar los eventos** - Ordena los eventos del capítulo para resolver la cifra de abajo.

Escribe el orden de los eventos usando los números 1 a 10 en la primera columna. Después, usa las letras que van con los números para resolver el rompecabezas.

$$\overline{5} \;\; \overline{4} \;\; \overline{7} \;\; \overline{1} \;\; \overline{6} \;\; \overline{1} \qquad \overline{3} \;\; \overline{9} \;\; \overline{1}$$

$$\overline{8} \;\; \overline{6} \qquad \overline{3} \;\; \overline{2} \;\; \overline{5} \;\; \overline{1} \;\; \overline{7} \;\; \overline{6}$$

$$\overline{¿?} \;\; \overline{5} \qquad \overline{10} \;\; \overline{9} \;\; \overline{¿?} \;\; \overline{6}$$

	G	Figuero, Montse y Jimena entraron al Museo del Prado.
	U	El señor Figuero explicó que tenía un plan para ayudarlas a escapar.
	E	Figuero empezó a gritar —¡Ay! ¡Mi ojo! ¿Dónde está mi ojo? ¡Ayúdenme!
	N	El señor Figuero montó las escaleras mecánicas y empezó a subir.
	L	Montse y Jimena escaparon de la policía durante la confusión.
	T	El turista gritó —¡Hey man... let him go! ¡He lost his eye!
	P	Montse y Jimena se escondieron detrás de los turistas con las mochilas.
	A	El policía gritó —¡Señor! ¡Aquí no se puede parar! ¡Levántese, señor!
	O	Montse y Jimena se sentaron en un banco para esperar al señor Figuero.
	R	Montse y Jimena fueron detrás de la columna con el señor Figuero.

⑧ Gramática - El Presente Perfecto con Participios Irregulares

El verbo HABER

yo	**he**
tú	**has**
él / ella / UD.	**ha**
nosotros/as	**hemos**
vosotros/as	**habéis**
ellos/ ellas / Uds.	**han**

+

MR. V PEACH DVD

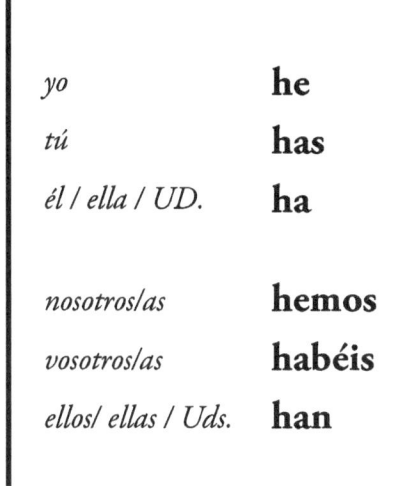

MUERTO
ROTO
VISTO
PUESTO
ESCRITO
ABIERTO
CUBIERTO
HECHO
DICHO ¡Vaya!
VUELTO
DESCUBIERTO

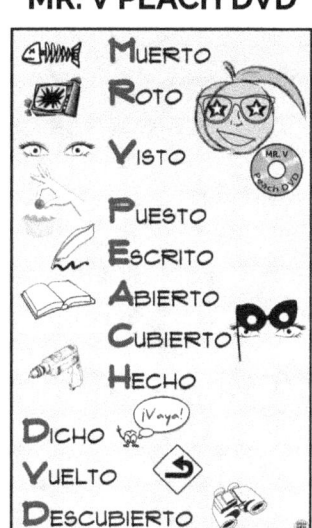

morir	**muerto**
romper	**roto**
ver	**visto**
poner	**puesto**
escribir	**escrito**
abrir	**abierto**
cubrir	**cubierto**
hacer	**hecho**
decir	**dicho**
volver	**vuelto**
descubrir	**descubierto**

Elige el verbo más lógico y escribe la forma correcta del <u>presente perfecto.</u>

1. La mujer _____ _____ su libro de poesía en la mesa. **(poner, romper)**

2. Tú no _____ _____ la nueva película del cine, ¿verdad? **(ver, decir)**

3. ¿_____ _____ tú un poema alguna vez? **(volver, escribir)**

4. Yo nunca _____ _____ un plato. Siempre tengo cuidado. **(abrir, romper)**

5. Los pasajeros _____ _____ muchos viajes en AVE. **(cubrir, hacer)**

6. Ignacio _____ _____ hoy de su trabajo en Madrid. **(descubrir, volver)**

7. ¿Le _____ _____ el jefe algo amable al nuevo empleado? **(decir, morir)**

8. Yo _____ _____ el escondite de mi hermano pequeño. **(poner, descubrir)**

9. Mi nueva planta _____ _____ . ¡Qué triste! **(cubrir, morir)**

10. ¿_____ _____ tú el secreto de Goya? **(descubrir, cubrir)**

11. Nosotros _____ _____ mucho trabajo esta semana. **(hacer, abrir)**

12. Montse _____ _____ su tatuaje con un reloj para esconderlo. **(cubrir, ver)**

Escribir - Escribe sobre esta escena del libro. Usa el vocabulario de este capítulo.

_____

_____

_____

_____

_____

_____

_____

_____

_____

_____

10 **Tira Cómica:** Elige una de las dos opciones abajo y dibuja una tira cómica. **Incluye diálogo.**

Opción Una: Dibuja lo que pasó en este capítulo. Incluye escenas extra.

Opción Dos: Dibuja otra escena de acción. Invéntala o dibuja una película famosa.

Expresiones divertidas

¡De repente!	*Suddenly!*	¡Vaya!	*Wow!*
¡Déjame en paz!	*Leave me alone!*	¿De verdad?	*Really?*
¡Ten cuidado!	*Be careful!*	¡JA, JA, JA!	*HA, HA, HA!*

EL TÍTULO _____

11 **La Cultura -** Usa el espacio de abajo para tomar apuntes. ¿Qué aprendiste de este capítulo?

gente famosa	historia	expresiones	comida
geografía	lugares	arte	¿algo más?

LOS OJOS DE GOYA
CAPÍTULO ONCE
BAJO LA CAPA SUPERFICIAL

No hay reglas en el arte.

—Francisco José de Goya y Lucientes

—Goya pintó las *Pinturas negras* directamente en las paredes de su casa —dijo el guía.

LA QUINTA DEL SORDO

1 Vocabulario

1. guide -

2. royal family -

3. a short moment -

4. friendship -

5. layer -

6. an attempt, try -

7. nightmare -

8. dressed in mourning -

9. appearances -

10. to deceive -

11. wall -

12. room (exhibition) -

13. towards -

14. madness -

15. a pair of -

16. key (to a door, lock) -

17. scholarship -

18. deaf -

Busca la palabra

la familia real — el guía — la locura — hacia — un par de — la pesadilla — un intento — la beca — un rato — engañar — vestido de luto — la llave — la pared — la sala — la capa — sordo — las apariencias — la amistad

2 Resuelve la cifra con las letras rodeadas por un círculo.

¿__ __ __ __ __ __ __?

*pista: es un objeto

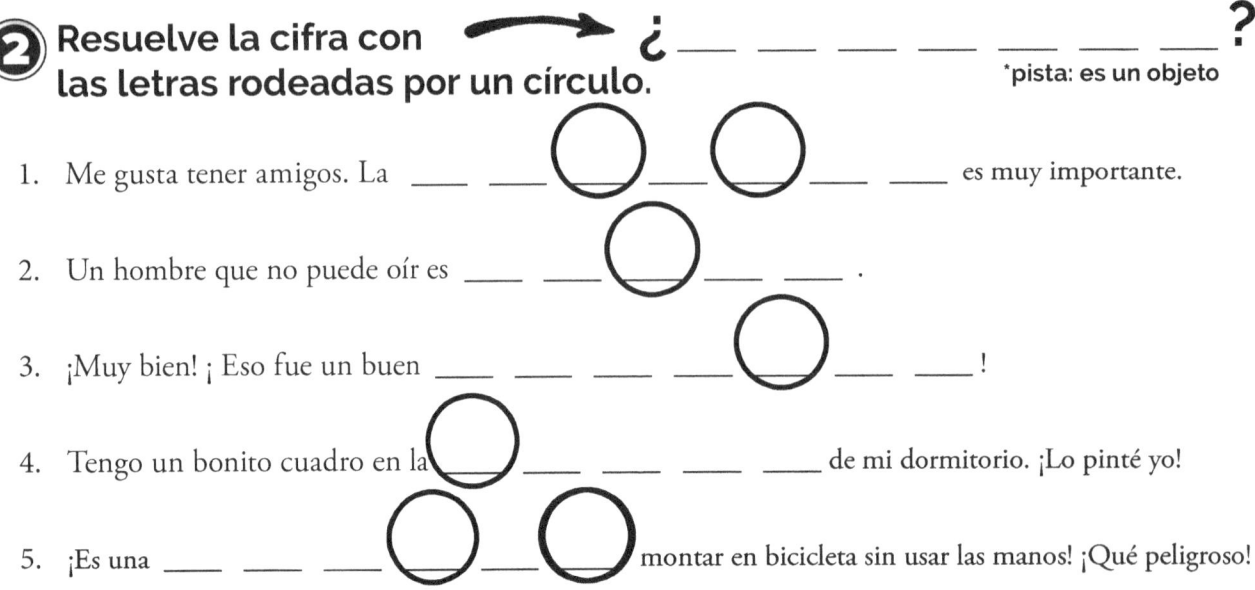

1. Me gusta tener amigos. La __ __ __ __ __ __ es muy importante.

2. Un hombre que no puede oír es __ __ __ __ __ .

3. ¡Muy bien! ¡ Eso fue un buen __ __ __ __ __ !

4. Tengo un bonito cuadro en la __ __ __ __ __ de mi dormitorio. ¡Lo pinté yo!

5. ¡Es una __ __ __ __ __ montar en bicicleta sin usar las manos! ¡Qué peligroso!

3 **Antes de Leer** - Contesta con oraciones completas.

1. En tu opinión, ¿debemos visitar los museos de arte?

2. ¿Qué aprendiste ayer en tus clases?

3. ¿Cuáles países tienen familia real?

4. ¿Cuándo necesitas descansar?

5. ¿Dónde puedes ver a turistas donde vives tú?

4 **¿Quién de la clase?** - Entrevista a tus compañeros de clase.

¿Qué?	¿Quién?	¿Cómo?	¿Cuándo?	¿Cuál?	¿Cuánto?	¿Dónde?	¿Adónde?

<u>Nombre</u>   <u>Más información</u>

1. ¿Quieres ser guía algún día?

2. ¿Has tenido alguna pesadilla recientemente?

3. ¿Has visitado un museo grande?

4. ¿Has hablado con un guía alguna vez?

5. ¿Has ido a un país que tenga familia real?

 Escribe oraciones completas abajo con la información de tu entrevista.

⑤ Críticos de arte

Eres un famoso crítico de arte. Vas a hacer un análisis de esta pintura.

¿Cuál es tu opinión profesional?

La familia de Carlos IV

 **¿Qué se ve(n)?** Ej. A la izquierda hay un hombre en el suelo.
Expresiones: Hay, está(n), se ve(n), podemos ver, parece, en el centro, al fondo, en primer plano, a la derecha, a la izquierda, arriba, abajo, sobre, al lado de, entre, etc.

 **¿Qué simboliza?** Ej. La pintura representa... El caballo simboliza...
Expresiones: Simboliza, Representa, Es obvio que, Está claro que, ...puede ser, etc.

 **¿Cuál es tu opinión sobre la obra?** Justifica tu respuesta. Ej. (No) Me gusta <u>porque</u>...
Expresiones: Me parece... Me gusta, Me fascina, Me interesa, Me aburre, etc.

⑥ Críticos de arte

Una manola: Leocadia Zorrilla

Eres un famoso crítico de arte. Vas a hacer un análisis de esta pintura.

¿Cuál es tu opinión profesional?

 ¿Qué se ve(n)? Ej: A la izquierda hay un hombre en el suelo.
Expresiones: Hay, está(n), se ve(n), podemos ver, parece, en el centro, al fondo, en el primer plano, a la derecha, a la izquierda, arriba, abajo, sobre, al lado de, entre, etc.

 ¿Qué simboliza? Ej: La pintura representa... El caballo simboliza...
Expresiones: Simboliza, representa, Es obvio que, está claro que, ...puede ser, etc.

 ¿Cuál es tu opinión? Explica tu respuesta. Ej: (No) Me gusta <u>porque</u>...
Expresiones: Me parece... Me gusta, Me fascina, Me interesa, Me aburre, etc.

7 **¿Comprendiste?** Contesta con oraciones completas.

1. ¿Cómo se llama la obra maestra que los tres vieron mientras caminaban a la sala de Goya?

2. ¿Qué hizo Montse cuando llegaron a la sala de Goya?

3. ¿Cómo se llamaba la familia real de la pintura de Goya que el guía estaba explicando?

4. ¿Qué le preguntó Montse al señor Figuero?

5. ¿Qué son las *Pinturas negras*?

6. ¿Dónde pintó Goya las *Pinturas negras*?

7. ¿Qué llevaba la mujer del cuadro *Una manola: Leocadia Zorrilla*?

8. ¿Qué descubrieron los conservadores del museo usando una máquina de rayos X?

9. El señor Figuero dijo que podría conseguir una máquina de rayos X. ¿Cómo va a hacerlo?

10. ¿Dónde están Jimena y Montse al final de este capítulo? ¿Por qué están allí?

8 **¡A dibujar!** ¡Imagina que tu familia y tus amigos son de la **CORTE REAL**!

¡Pinta
un cuadro!
→

9 **Completa la oración** Completa la oración con la información de este capítulo.

1. Después de entrar en el museo, los tres fueron a _____.

2. Montse se sentó en el banco porque _____.

3. Figuero explicó que la madre de Montse era _____.

4. El guía explicó que las obras más oscuras de Goya son _____.

5. El guía también explicó que algunas obras tienen múltiples _____.

6. Los conservadores del museo usan las máquinas de rayos X para _____.

7. Los turistas no escuchaban al guía porque estaban _____.

8. Los amigos del señor Figuero trabajan en _____.

9. El señor Figuero se fue para buscar una _____.

10. Al final de este capítulo, el señor Figuero cerró _____.

10 **¿Qué piensas tú?**

¿Crees que los museos de arte son importantes? Expresa tu opinión con un párrafo abajo.

(11) Gramática - El Pluscuamperfecto (past perfect)

El verbo HABER

yo	había
tú	habías
él / ella / UD.	había
nosotros/as	habíamos
vosotros/as	habíais
ellos/ ellas / Uds.	habían

+

verbos con AR

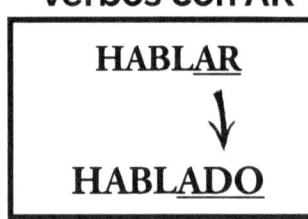

HABL<u>AR</u>
↓
HABL<u>ADO</u>

verbos con ER,IR

COM<u>ER</u>
↓
COM<u>IDO</u>

MR. V PEACH DVD

MUERTO
ROTO
VISTO
PUESTO
ESCRITO
ABIERTO
CUBIERTO
HECHO
DICHO
VUELTO
DESCUBIERTO

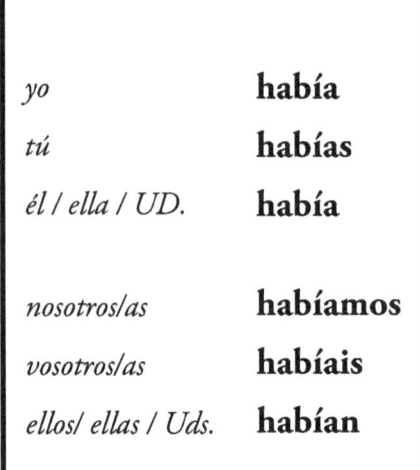

¡Qué desastre!

Elige el verbo más lógico y escribe la forma correcta del **pluscuamperfecto**.

Fuiste a la escuela hoy como si fuera un día normal. Sin embargo, cuando llegaste a casa a las cuatro de la tarde, todo estaba patas arriba.

Antes de llegar a casa...

1. ...nosotros no _____ _____ el trabajo de clase. **(comer, completar)**

2. ...el perro ya se _____ _____ tus zapatos de cuero. **(ver, comer)**

3. ...tu gato _____ _____ _____ a la calle. **(vestirse, escaparse)**

4. ...un ladrón _____ _____ la caja fuerte y robado el dinero. **(abrir, decir)**

5. ...tus padres _____ _____ _____ de vacaciones a España sin ti. **(leer, irse)**

6. ...tú no _____ _____ el mensaje de tus padres del teléfono. **(leer, dividir)**

7. ...tus padres no te _____ _____ nada esa mañana. **(entrar, decir)**

8. ...tu hermano _____ _____ toda tu ropa favorita. **(esconder, comer)**

9. ...tus vecinos _____ _____ a la policía. **(llamar, descubrir)**

10. ...tú _____ _____ la llave de la puerta de casa en la escuela. **(dejar, trabajar)**

⑫ Escribir - Escribe sobre esta escena del libro. Usa el vocabulario de este capítulo.

_____

_____

_____

_____

_____

_____

_____

_____

_____

_____

_____

⓭ Artista de Grafiti: Pinta *TODA LA PARED* de este edificio con ideas de este capitulo!

Incluye: Tres palabras importantes, una idea importante, dos líneas de diálogo y sobre todo...

¡Mucho grafiti!   (¡Está bien! ¡Tienes permiso!)

Una idea importante es...

 La Cultura - Usa el espacio de abajo para tomar apuntes. ¿Qué aprendiste de este capítulo?

gente famosa historia expresiones comida

geografía lugares arte ¿algo más?

LOS OJOS DE GOYA
CAPÍTULO DOCE
LOS PERROS NO HABLAN

Perro semihundido

El acto de pintar se trata de un corazón contándole a otro corazón dónde halló su salvación.

—Francisco José de Goya y Lucientes

1 **Vocabulario**

1. loyal -

2. in the background -

3. bones -

4. turned on -

5. pointed at -

6. a lock -

7. screen -

8. magnifying glass -

9. scissors -

10. ghosts -

11. right there -

12. tail -

13. thin layers -

14. genius -

15. sunken -

16. murmured -

17. footsteps -

18. she stopped -

Busca la palabra

una lupa   una pantalla

el genio

apuntó a

los huesos

una cerradura

encendió

se paró   hundido

al fondo   justo allí

las capas finas

los fantasmas

la cola

las tijeras

fiel

los pasos   murmuró

2 **Resuelve la cifra con las letras rodeadas por un círculo.**

¿___ ___ ___ ___ ___ ___ ___?

*pista: es una persona

1. No tengo la llave para la ___ ___ ___ ◯ ___ ___ ◯ ___ .

2. Los ___ ◯ ___ ___ ___ ___ de los esqueletos son blancos.

3. ¡Ronaldo es un ◯ ___ ___ ◯ ___ con el balón! ¡Marca muchos goles!

4. El barco está ___ ___ ___ ◯ ___ ___ ___ en el océano pacífico. ¡Todo está perdido!

5. El hombre ___ ___ ◯ ___ ___ ___ algo, pero no comprendí lo que dijo.

CAPÍTULO 12

❸ Antes de Leer - Contesta con oraciones completas.

1. ¿Qué máquinas o aparatos sabes usar bien?

2. ¿Qué haces cuando tienes un problema complicado?

3. ¿De qué tienes miedo?

4. ¿Qué haces cuando oyes pasos en el pasillo por la noche?

5. ¿Cuándo necesitas usar las tijeras o una lupa?

❹ ¿Quién de la clase? - Entrevista a tus compañeros de clase.

| ¿Qué? | ¿Quién? | ¿Cómo? | ¿Cuándo? | ¿Cuál? | ¿Cuánto? | ¿Dónde? | ¿Adónde? |

<u>Nombre</u>   <u>Más información</u>

1. ¿Has visto unos rayos X de tus huesos?

2. ¿Tienes miedo de los fantasmas?

3. ¿Te apetece ver películas de terror a menudo?

4. ¿Te gustan los perros?

5. ¿Te interesan las obras de arte extrañas?

 Escribe oraciones completas abajo con la información de tu entrevista.

5 **¿Comprendiste?** Contesta con oraciones completas.

1. Según el señor Figuero, ¿para qué usan los guardias las máquinas de rayos X?

2. ¿Cuál es la primera cosa que vieron cuando el señor Figuero encendió la máquina de rayos X?

3. Según el señor Figuero, ¿por qué necesitan tener prisa?

4. Según el señor Figuero, ¿quiénes son las Parcas?

5. ¿Por qué piensa Montse que el secreto de Goya está escondido en el cuadro *Perro semihundido*?

6. ¿Dónde estaban escondidas las líneas secretas en el cuadro?

7. ¿Quién empezó a sacar fotos de la pantalla cuando descubrieron el mensaje del cuadro?

8. ¿Qué oyeron en el pasillo fuera de sala?

9. Cuando llegaron a la puerta de salida de la cafetería, ¿quién estaba allí?

10. ¿Qué dijo el señor Figuero al final de este capítulo?

6 **¡Diálogo!** Imagina que eres Montse o Jimena y necesitas escapar del museo.

Escribe una conversación corta entre el guardia y tú.
Explica la razón por la que estás en el museo. ¿Qué vas a decir para escapar?

7 **¿Lógico o ilógico?** Indica si la frase es lógica (L) o ilógica (I). Si es ilógica, explica por qué.

1. _____ Jimena comió los huesos de la mano de Montse en la pantalla de la máquina.

2. _____ Los guardias hacen sus rondas de vigilancia en el museo.

3. _____ Las parcas hablaron con el señor Figuero y las chicas del secreto de Goya.

4. _____ Jimena recordó que su madre dijo que los perros son fieles y guardan secretos.

5. _____ Montse usó la máquina de rayos X para escanear el cuadro *Perro semihundido*.

6. _____ El perro sacó fotos de las líneas que aparecieron en la pantalla de la máquina de rayos X.

7. _____ Montse escuchó los pasos del señor Figuero afuera de la sala de las pinturas negras.

8. _____ Los guardias del museo estaban hablando de un jugador de fútbol.

9. _____ El señor Figuero, Montse y Jimena salieron de la sala en autobús.

10. _____ Al final de este capítulo, el señor Figuero, Montse y Jimena escaparon del museo.

8 **¿Qué piensas tú?** - Contesta con oraciones completas.

1. Montse dijo que los perros son fieles. ¿Estás de acuerdo? ¿Por qué sí, o por qué no?

2. En tu opinión, ¿deben esconder secretos los gobiernos de sus ciudadanos?

3. ¿Crees que los presentimientos son importantes? ¿Por qué sí, o por qué no?

4. Según Figuero, Láquesis controla el destino. ¿Crees que tienes un destino predeterminado?

Gramática - Los Verbos como Gustar

Gustar	
me gusta	nos gusta
te gusta	os gusta
le gusta	les gusta

me gusta

me encanta

me interesa

me fascina

me apetece

me cae bien

Me encanta jugar al tenis.

Me encanta el español.

Me enca**n**tan los perro**s**.

me aburre

me molesta

me fastidia

me asusta

me da miedo

me cae mal

Parecer = me parece bien / mal / interesante / aburrido / repugnante / genial

Elige el verbo mas lógico y escribe la forma correcta del verbo.

1. A mí _____ _____ ver películas románticas. **(encantar, asustar)**

2. A Natasha _____ _____ las ciencias. Es su materia favorita. **(fascinar, molestar)**

3. A ti _____ _____ las hamburguesas, pero a mí no. **(parecer, gustar)**

4. A ellos _____ _____ todos los temas de clase. ¡Son fascinantes! **(interesar, aburrir)**

5. A mí _____ _____ tomar un café con mis amigos. ¡Qué divertido! **(fastidiar, apetecer)**

6. A mí _____ _____ las películas de terror. **(dar miedo, caer bien)**

7. A Montse _____ _____ Jimena. ¡Son buenas amigas! **(aburrir, caer bien)**

8. A nosotros _____ _____ la gente que habla demasiado. **(fastidiar, caer bien)**

9. (tú) ¿_____ _____ caminar al lado del río? **(gustar, parecer)**

10. A mi amigo _____ _____ su jefe. ¡Es muy estricto! **(encantar, caer mal)**

¿Qué te apetece hacer hoy?

¿Qué te da miedo?

¿Qué te aburre?

Escribir - Escribe sobre esta escena del libro. Usa el vocabulario de este capítulo.

_____

_____

_____

_____

_____

_____

_____

_____

_____

_____

(11) Críticos de arte

Eres un famoso
crítico de arte.

Las Parcas (Átropos)

¿Cuál es tu opinión profesional de esta pintura?

¿Qué se ve(n)? Ej. A la izquierda hay un hombre en el suelo.
Expresiones: Hay, está(n), se ve(n), podemos ver, parece, en el centro, al fondo, en primer plano, a la derecha, a la izquierda, arriba, abajo, sobre, al lado de, entre, etc.

¿Qué simboliza? Ej. La pintura representa... El caballo simboliza...
Expresiones: Simboliza, Representa, Es obvio que, Está claro que, ...puede ser, etc.

¿Cuál es tu opinión sobre la obra? Justifica tu respuesta. Ej. (No) Me gusta <u>porque</u>...
Expresiones: Me parece... Me gusta, Me fascina, Me interesa, Me aburre, etc.

⑫ La Cultura - Usa el espacio de abajo para tomar apuntes. ¿Qué aprendiste de este capítulo?

gente famosa   historia   expresiones   comida

geografía   lugares   arte   ¿algo más?

LOS OJOS DE GOYA
CAPÍTULO TRECE
LA BARRIGA DE BRONCE

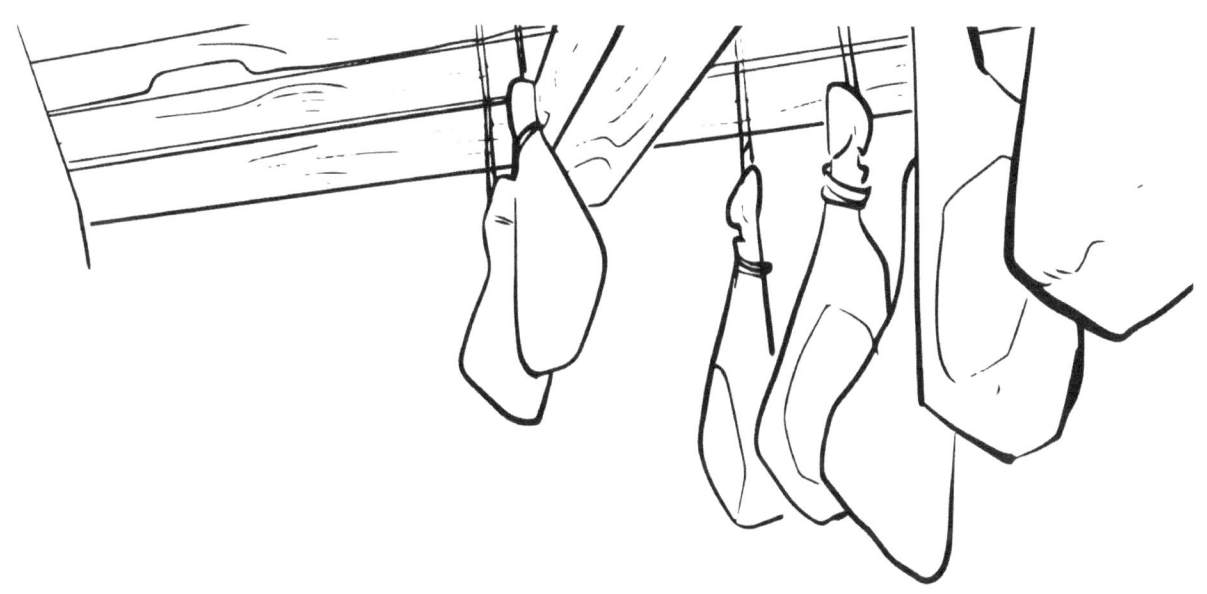

A barriga llena, corazón contento.

—proverbio

1 Vocabulario

1. out loud -
2. belly -
3. stand out -
4. perhaps -
5. followed -
6. turned -
7. frozen -
8. corner -
9. ham -
10. waiters -
11. wall -
12. hiding place -
13. wine cellar -
14. candles -
15. thug -

Busca la palabra

en voz alta

la bodega

el jamón

las velas   giró

el matón

siguió

congelado   los camareros

la esquina   la barriga

tal vez

la pared

el escondite

destaca

2 Lee las pistas y busca las palabras escondidas.

1. Es un lugar secreto.
2. Es el lugar donde se cruzan dos calles.
3. Es un hombre malo.
4. Es un tipo de comida.
5. Las usas para ver en la oscuridad.
6. Es donde pones las fotos de la familia.
7. Es alguien que trabaja en un restaurante.
8. Muy, muy, muy frío. Brrrr.....
9. Puedes hablar así.
10. Es el sinónimo de quizás.

Más un animal bonito y un personaje de la novela.

```
U E S C O N D I T E P X B W W C
B Y M G O W Q J G Q E F X E H O
Ñ U F Y N A F F U H R L T E P N
J Á G D K F T L B B R B U S Ü G
M Ú Á É Ú Z B U P Ú O Ó V Q Z E
É U Ü K J T L Í N Z L Q W U M L
G E G L Ñ É S J M S I Í D I G A
L Y N L T B Í G T K N Y D N I D
T A L V E Z D Á P Ü D H É A Z O
W X E W O P H F I Ü O Ñ Á Ü Ú F
Y I M A D Z Z H P F K F T D Ó J
M A E M N S A P É Ú E Q U Z Ñ A
Z Z Í A A O Y L Y Í N W Ñ Q Ó M
B P R R Ñ T Y Z T Á Í G Q Y Ü Ó
V O A D U P Ó Q J A P K W Ü S N
E I M W Y Ü Á N Ú Ñ Ü A Á Q G K
L Ó G X W T O W O V J S R Ñ L J
A M R N Ü P P X F Ü I É U E Y Í
S I Ó C A M A R E R O Ü K C D Á
Í I O Ú M F I G U E R O D S L P
```

❸ Antes de Leer - Contesta con oraciones completas.

1. ¿Hay alguna adivinanza que te guste?

2. ¿Comes mucha carne o prefieres comer más verduras?

3. ¿Cómo se llama tu restaurante favorito?

4. ¿Qué tienes en las paredes de tu dormitorio?

5. ¿Qué destaca en tu dormitorio?

❹ ¿Quién de la clase? - Entrevista a tus compañeros de clase.

¿Qué?	¿Quién?	¿Cómo?	¿Cuándo?	¿Cuál?	¿Cuánto?	¿Dónde?	¿Adónde?

	Nombre	**Más información**
1. ¿Hay alguna estatua famosa en tu ciudad?		
2. ¿Tienes un escondite secreto?		
3. ¿Te gusta resolver las adivinanzas?		
4. ¿Has visitado alguna bodega alguna vez?		
5. ¿Has comido en algún restaurante interesante alguna vez?		

 Escribe oraciones completas abajo con la información de tu entrevista.

5 **¿Comprendiste?** Contesta con oraciones completas.

1. ¿A qué se parecían las letras de las imágenes en la pantalla del teléfono?

2. Según el mensaje secreto, ¿dónde duerme el secreto?

3. ¿En qué pensó Montse, la que ayudó a resolver la adivinanza del mensaje en la pantalla?

4. ¿Dónde está la estatua de Felipe III?

5. ¿Cómo llegaron Figuero, Montse y Jimena a la Plaza Mayor?

6. Cuando llegaron a la Plaza Mayor, ya era de noche. ¿Quién estaba allí en la plaza?

7. ¿Por qué quería ir el señor Figuero al restaurante de sus amigos?

8. Cuando entraron en la bodega, ¿a quién vio Montse?

9. ¿Qué había en la mesa de la bodega?

10. ¿Qué pasó entre Franco y Figuero al final de este capítulo?

6 **¡A dibujar!** Dibuja el interior de tu restaurante favorito. ¿Qué hay allí para comer?

Nombre del restuarante ➜

7 **¿Verdadero o Falso?** Indica si la frase es verdadera (V) o falsa (F). Si es falsa, corrígela.

1. _____ Montse vio unas líneas blancas en la pantalla del teléfono.

2. _____ Las líneas de la pantalla eran una adivinanza.

3. _____ La estatua del rey Felipe III está en la Plaza Mayor de Sevilla.

4. _____ Cuando llegaron a la Plaza Mayor, había gente comiendo tapas.

5. _____ Los tres decidieron esconderse en la cocina de un restaurante de amigos del señor Figuero.

6. _____ En el restaurante había jamones serranos colgando del techo.

7. _____ El señor Figuero explicó que antes el restaurante era un escondite de bandidos.

8. _____ Montse y Jimena subieron las escaleras de piedra para entrar en la bodega.

9. _____ En la bodega, Montse vio a su padre atado a una silla.

10. _____ Al final de este capítulo, el señor Figuero ayudó a Montse y a Jimena a escapar.

8 **¡Vamos a Jugar! ¡Veinte Preguntas!** Juega a 20 preguntas con un amigo.

- Una persona piensa en una palabra de las categorías de abajo.
- Elige palabras de la novela para las primeras rondas.
- Todas las preguntas deben tener respuestas de SÍ o NO
- Tienes solamente veinte preguntas.
- ¡Juega varias rondas!

Las Categorias

¿? **Lugar**

¿? **Persona / animal / personaje**

¿? **Objeto / cosa**

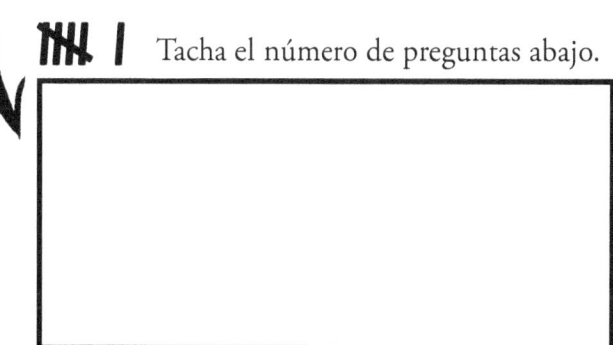

Tacha el número de preguntas abajo.

9 Gramática - Elige la forma correcta del verbo entre paréntesis.

 **Pretérito** _____

Imperfecto

1. Cuando era joven, yo _____ muchos amigos de España. **(tenía, tuvo)**

2. Diego Velázquez _____ *Las Meninas* en el año 1656. **(pintaba, pintó)**

3. Mi madre siempre me _____ que era muy guapo. **(decía, dijo)**

4. El ladrón _____ el dinero de la caja fuerte anoche. **(robaba, robó)**

5. ¡Tú _____ a cantar cuando escuchaste la canción! **(empezabas, empezaste)**

6. Yo siempre _____ cosas malas en la escuela cuando era joven. **(hacía, hice)**

7. A mí _____ escuchar la música que mi madre tocaba. **(me gustaba, me gustó)**

8. Tú _____ los bocadillos en la mochila anoche, ¿verdad? **(ponías, pusiste)**

9. Marcos _____ en el concierto de Madrid anoche. **(estaba, estuvo)**

10. El guía les _____ a los turistas el cuadro de Goya cuando llegó. **(explicaba, explicó)**

11. Estaba lloviendo y a nadie _____ salir afuera. **(le apetecía, le apeteció)**

12. Montse y Jimena no _____ ver bien porque no había luz. **(podían, pudieron)**

13. Yo _____ a Sevilla hace un año. **(llegaba, llegué)**

14. Los turistas _____ a la otra sala para ver los cuadros. **(iban, fueron)**

15. Yo _____ la guitarra antes, pero ahora prefiero tocar el piano. **(tocaba, toqué)**

Escribir - Escribe sobre esta escena del libro. Usa el vocabulario de este capítulo.

_____

_____

_____

_____

_____

_____

_____

_____

_____

_____

(11) El Menú del Día

La carta tiene la lista de toda la comida de un restaurante, pero muchos restaurantes en España tienen un *Menú del Día*. Es una comida completa por un precio reducido.

Imagina que eres el dueño de un restaurante. Dibuja un menú del día abajo. Investiga comidas típicas de España para incluir en tu menú.

¿Qué pondrías en tu menú del día?

Incluye:

Nombre del restaurante

El precio del menú (euros)

Primer plato: (dos opciones)

Segundo plato: (dos opciones)

Postres: (dos opciones)

Pan, bebida, o café

*Incluye dibujos bonitos

 La Cultura - Usa el espacio de abajo para tomar apuntes. ¿Qué aprendiste de este capítulo?

gente famosa   historia   expresiones   comida

geografía   lugares   arte   ¿algo más?

LOS OJOS DE GOYA
CAPÍTULO CATORCE
LA BODEGA DE BANDIDOS

La fantasía, aislada de la razón, sólo produce monstruos imposibles. Unida a ella, en cambio, es la madre del arte y fuente de sus deseos.

—Francisco José de Goya y Lucientes

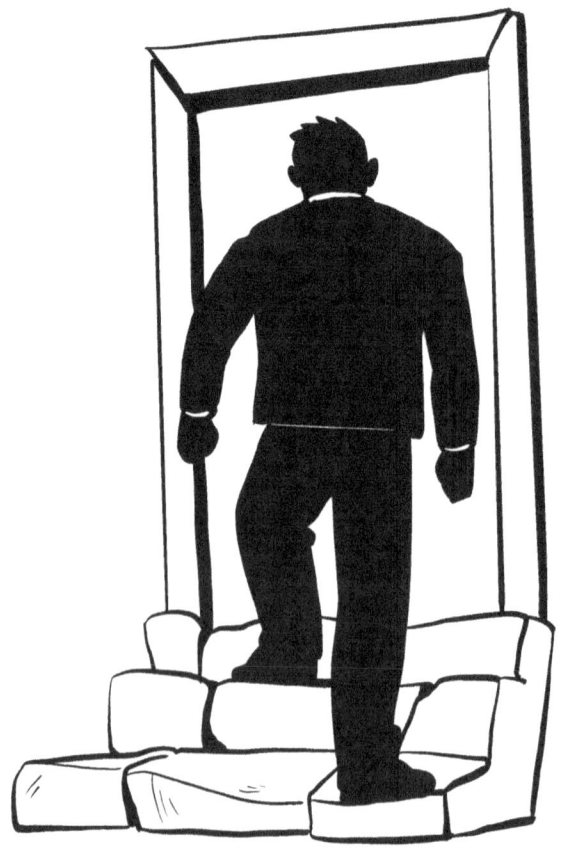

❶ Vocabulario

1. leaning on -
2. stairs -
3. to joke -
4. stone -
5. achievement -
6. affection -
7. they took off -
8. a doubt -
9. agreed -
10. tape (adhesive) -
11. was driving -
12. inherited -
13. puzzle -
14. to rescue -
15. tied -
16. Enough already! -
17. a shout -
18. to cover up -
19. your trust -
20. memories -

Busca la palabra

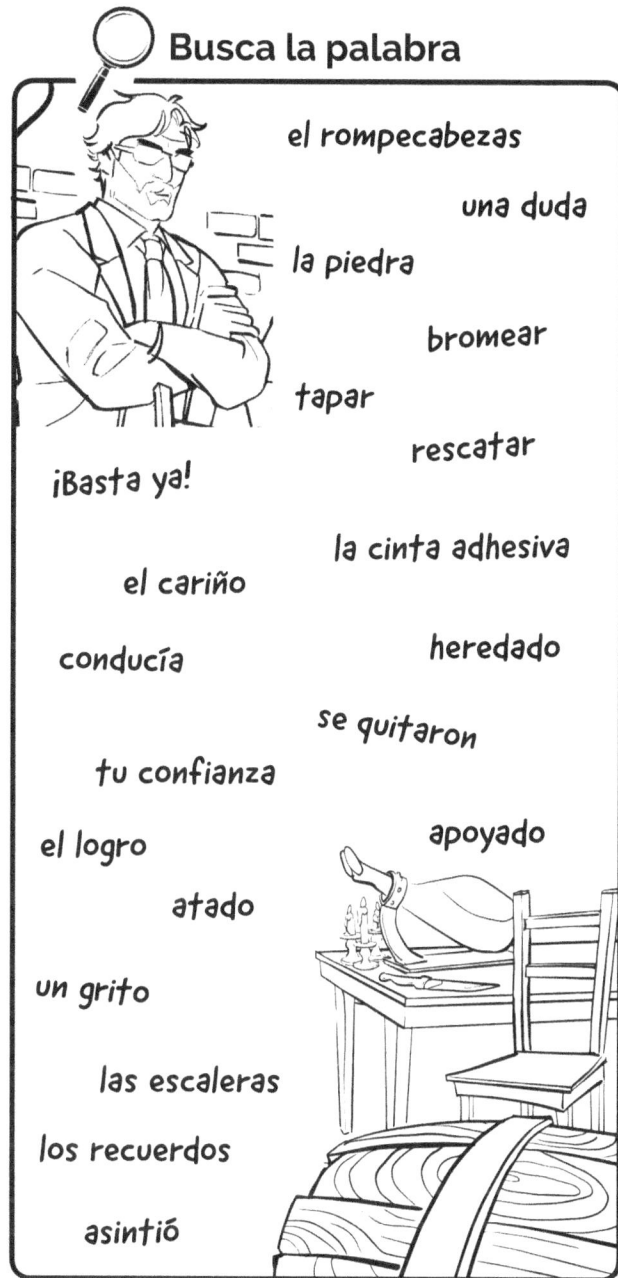

el rompecabezas

una duda

la piedra

bromear

tapar

rescatar

¡Basta ya!

la cinta adhesiva

el cariño

conducía

heredado

se quitaron

tu confianza

el logro

apoyado

atado

un grito

las escaleras

los recuerdos

asintió

❷ Antes de Leer - Contesta con oraciones completas.

1. ¿Quién en tu familia puede conducir?

2. ¿Cuándo gritas <<*¡Basta ya!*>>?

3. ¿Con quién bromeas mucho?

4. Describe un logro tuyo.

3 **El sapo de otro pozo.** Elige la palabra que no pertenece. Explica tu razón por elegirla.

1. bromear	rescatar	conducir
2. el cariño	un grito	¡Basta ya!
3. la piedra	el logro	la duda

4 **¿Quién de la clase?** - Entrevista a tus compañeros de clase.

¿Qué?	¿Quién?	¿Cómo?	¿Cuándo?	¿Cuál?	¿Cuánto?	¿Dónde?	¿Adónde?

Nombre   **Más información**

1. ¿Te gusta bromear con tus amigos?

2. ¿Has rescatado algún animal alguna vez?

3. ¿Tienes algún recuerdo bonito de un día especial?

4. ¿Tienes mucho cariño por una persona especial?

5. ¿Te gustan los rompecabezas difíciles?

 Escribe oraciones completas abajo con la información de tu entrevista.

¿Comprendiste? Contesta con oraciones completas.

1. ¿Quién tomó los teléfonos de las chicas?

2. Según Montse, ¿dónde estaba Figuero durante el ataque en la tienda de cerámica?

3. Según Figuero, ¿por qué tuvo que hacer él para ganarse la confianza de Montse y Jimena?

4. ¿Quién lloró en este capítulo?

5. Según el detective Franco, ¿qué quiere la Garduña de Montse?

6. ¿Qué nunca quiso decir Magdalena al señor Figuero?

7. ¿Qué tenían el señor Franco y el detective Figuero en la muñeca?

8. Según Miguel, ¿quién mató a Magdalena, la madre de Montse?

9. ¿Qué hizo el matón de Franco al final de este capítulo?

10. ¿Qué dijo el detective Franco al final de este capítulo?

 **¡Vamos a Jugar! ¡Veinte Preguntas!** Juega a 20 preguntas con un amigo.

- Una persona piensa en una palabra de las categorías de abajo.
- Elige palabras de la novela para las primeras rondas.
- Todas las preguntas deben tener respuestas de SÍ o NO
- Tienes solamente veinte preguntas.
- ¡Juega varias rondas!

Las Categorias

¿? **Lugar**

¿? **Persona / animal / personaje**

¿? **Objeto / cosa**

 Tacha el número de preguntas abajo.

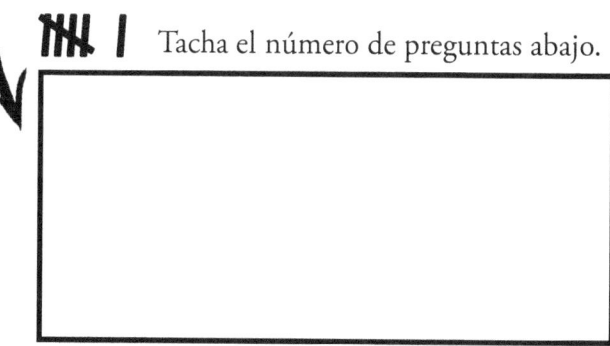

7 ¿Quién lo dijo? ¿Quién lo escribió?

¿Jimena, Montse, Miguel, el señor Figuero, o el detective Franco?

1. _____ —¡Claro! Ahora lo comprendo. Usted no vino para ayudarnos.

2. _____ —Fue la única forma de ganarme tu confianza.

3. _____ —Pero, usted nos salvó en la estación de tren

4. _____ —Llevamos años con agentes infiltrados en el Prado

5. _____ —El día que ella desapareció fue el día más triste de mi vida.

6. _____ —Es verdad. Fuimos amigos. Y no, el señor Figuero no mató a tu madre.

7. _____ —¡Basta ya! No tenemos tiempo para mentiras.

8. _____ —No. Déjalas así. Aquí abajo en la bodega solo las ratas pueden oírlas.

8 ¿Qué piensas tú?

Montse, Miguel y Jimena están atrapados en la bodega.
Además, están atados a las sillas. ¿Cómo pueden escapar?

Gramática - El futuro regular

Verbos AR, ER, IR

Hablar

Comer **+**

Vivir

yo	é	nosotros/as	emos
tú	ás	vosotros/as	éis
él / ella / UD.	á	ellos/ ellas / Uds.	án

¡Usted hablará cinco idiomas!

¡Usted vivirá en una gran casa blanca!

¡Usted será la presidenta!

Elige el verbo más lógico y escribe la forma correcta del <u>futuro regular</u>.

1. El cocinero _____ toda la preparación pronto. (**dormir, terminar**)

2. Me gustan las grandes ciudades. Yo _____ en Madrid algún día. (**vivir, leer**)

3. El matón siempre _____ las órdenes de su jefe. (**seguir, atacar**)

4. Nosotras _____ todos los lugares importantes de Madrid. (**comer, visitar**)

5. Yo _____ biología porque quiero ser doctora en un futuro. (**estudiar, estar**)

6. Ellas son muy inteligentes. Ellas _____ ejecutivas de una empresa. (**ser, estar**)

7. ¡Ja, Ja, Ja! ¡ Tú nunca te _____ de aquí! ¡Estás atrapado! (**explicar, escapar**)

8. Yo no _____ muchos libros de poesía en la universidad. (**andar, leer**)

9. ¡Yo soy el jefe! ¡Yo _____ la fecha de inicio del proyecto! (**decidir, terminar**)

10. ¿Adónde _____ tú de vacaciones este verano? (**ir, atar**)

11. Mis plantas _____ si no tienen suficiente agua y luz. (**morir, hablar**)

12. ¡Nadie _____ en nosotros porque somos los sospechosos! (**confiar, gritar**)

⑩ Escribir - Escribe sobre esta escena del libro. Usa el vocabulario de este capítulo.

_____

_____

_____

_____

_____

_____

_____

_____

_____

_____

Artista de Grafiti: Pinta *TODA LA PARED* de este edificio con ideas de este capítulo!

Incluye: Tres palabras importantes, una idea importante, dos líneas de diálogo y sobre todo...

¡Mucho grafiti!

(¡Está bien! ¡Tienes permiso!)

Una idea importante es...

12 **La Cultura -** Usa el espacio de abajo para tomar apuntes. ¿Qué aprendiste de este capítulo?

gente famosa   historia   expresiones   comida

geografía   lugares   arte   ¿algo más?

LOS OJOS DE GOYA
CAPÍTULO QUINCE
VÍCTIMA DE MENTIRAS

Quiero ser libre.

—Francisco José de Goya y Lucientes

① Vocabulario

1. mistaken -

2. guilty -

3. a drop -

4. those -

5. it's not fair -

6. wrinkles -

7. to run away -

8. ropes -

9. ends, purposes -

10. they hugged each other -

11. they looked at each other -

12. cave -

13. it makes sense -

14. he's right -

15. he's to blame (guilty) -

② Lee las pistas y busca la palabras escondidas.

1. Es un lugar oscuro.

2. Correr para escapar de algo.

3. Es lo que tienes cuando eres viejo.

4. Es un poquito de agua.

5. Cuando algo no te parece bien, dices que...

6. Puedes usarlas para atar un barco.

7. Juan dice que 2+3 = 4. Él no...

8. Alguien robó el dinero. Creo que Juan es...

9. Ellos usaron los brazos para hacer esto.

10. Ellos usaron los ojos para hacer esto.

Más un animal peligroso y un personaje

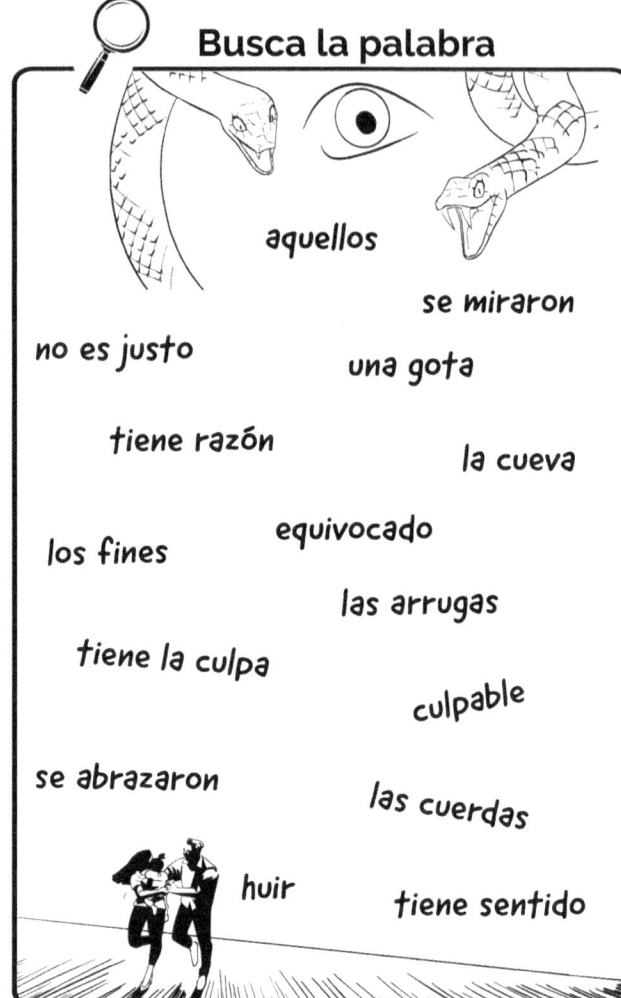

Busca la palabra

aquellos

se miraron

no es justo   una gota

tiene razón   la cueva

los fines   equivocado

las arrugas

tiene la culpa

culpable

se abrazaron   las cuerdas

huir   tiene sentido

Á	Ó	H	T	Ü	A	F	A	N	K	G	P	Q	Ú	É	M
T	C	G	F	T	U	K	Z	S	E	R	F	U	S	C	S
L	Á	U	O	I	P	N	Á	Á	Í	Á	O	U	E	T	X
J	X	É	L	K	O	L	B	G	O	T	A	R	R	I	Ú
Í	I	N	O	P	A	U	É	C	S	Ú	E	Ñ	P	E	F
L	Q	M	M	Ó	A	Y	Á	Ó	E	H	E	G	I	N	S
Z	Ñ	U	E	C	Á	B	W	Í	A	J	Ó	J	E	E	H
M	G	U	T	N	T	U	L	U	B	M	C	É	N	R	C
O	W	Ú	Y	K	A	D	O	E	R	B	M	E	T	A	I
M	K	Ü	Í	É	É	Z	Y	R	A	X	W	H	E	Z	J
J	D	A	Ó	Ó	Z	R	V	N	Z	M	S	T	Ú	Ó	R
Í	L	G	P	U	I	N	X	Ú	A	Y	D	I	Z	N	Ü
S	E	M	I	R	A	R	O	N	R	Ñ	Ó	S	B	N	Y
E	Y	Z	M	K	W	R	W	K	O	P	D	K	B	Í	C
V	V	X	O	Ñ	P	N	Ñ	Q	N	N	U	Y	Ñ	M	U
H	U	I	R	D	O	R	W	I	R	V	U	V	Y	Q	E
Ü	H	L	J	B	Ü	J	N	Í	X	O	D	S	É	W	V
U	N	O	E	S	J	U	S	T	O	Q	R	A	L	Q	A
Á	K	D	Z	F	O	W	Ó	A	R	R	U	G	A	S	F
X	Í	C	U	E	R	D	A	S	Ú	C	G	K	Ñ	G	Í

3 **Antes de Leer** - Contesta con oraciones completas.

1. ¿Quién de tu familia tiene muchas arrugas?

2. ¿Cuándo necesitas usar un cuchillo?

3. ¿Quién de tu familia siempre tiene razón?

4. ¿De qué tienes la culpa?

5. ¿Qué no tiene sentido para ti?

4 **¿Quién de la clase?** - Entrevista a tus compañeros de clase.

¿Qué?	¿Quién?	¿Cómo?	¿Cuándo?	¿Cuál?	¿Cuánto?	¿Dónde?	¿Adónde?

<u>Nombre</u>   <u>Más información</u>

1. ¿Te equivocas a menudo?

2. ¿Te parecen injustas las reglas de tu escuela?

3. ¿Has explorado alguna cueva alguna vez?

4. ¿Has comido jamón serrano alguna vez?

5. ¿Has huido alguna vez de un monstruo en una pesadilla?

 <u>Escribe oraciones completas abajo con la información de tu entrevista.</u>

⑤ ¿Comprendiste? Contesta con oraciones completas.

1. ¿Qué animal salió de detrás de los barriles?

2. Para Montse, ¿qué representaban las arrugas en la cara de su padre?

3. ¿Dónde se casaron los padres de Montse?

4. Según Miguel, ¿Cuándo empezaron las amenazas de la Garduña?

5. Según Miguel, ¿adónde huyeron los padres de Montse para escapar de la Garduña?

6. Miguel habló de un cliente rico que Magdalena había visitado en Madrid. ¿Qué tenía ese cliente?

7. Según Miguel, ¿por qué Montse no recuerda el día que su madre le hizo el tatuaje?

8. Montse descubrió que su tatuaje era de la mafia. ¿Qué opina Miguel sobre el tatuaje de Montse?

9. ¿Cómo se escapó Jimena de las cuerdas?

10. Los tres amigos se libran de las cuerdas pero todavía están atrapados en la bodega. ¿Por qué?

⑥  **Escribe una oración creativa con estas expresiones con TENER.**

1. tener la culpa -

2. tener sentido -

3. tener suerte -

4. tener razón -

5. tener miedo -

7 **¿Verdadero o Falso?** Indica si la frase es verdadera (V) o falsa (F). Si es falsa, corrígela.

1. _____ Al principio de este capítulo, Montse, Jimena y Figuero están atrapados en la bodega.

2. _____ Montse podía ver las arrugas en la cara de su padre.

3. _____ Miguel explicó que huyeron de la Garduña a Barcelona para escapar de sus amenazas.

4. _____ Montse pensó que Jimena tenía el mismo espíritu luchador que su padre.

5. _____ Según Miguel, el cliente rico de Madrid tenía los ojos azules.

6. _____ Miguel explicó que Magdalena le hizo el tatuaje cuando Montse tenía menos de un año.

7. _____ Miguel explicó que Magdalena pensaba que la Garduña era una sociedad académica.

8. _____ Magdalena, la madre de Montse, desapareció después de visitar al cliente rico en Madrid.

9. _____ Jimena usó las velas para liberarse de las cuerdas de su silla.

10. _____ Al final de este capítulo, Miguel, Montse y Jimena se escapan por una puerta secreta.

8 **¿Qué piensas tú? ¿Qué tecnología nueva habrá en el año 2122?**

¡Dibuja el mundo del 2122!

❾ Gramática - El Futuro Irregular de algunos verbos importantes

tener	**tendr -**
venir	**vendr -**
salir	**saldr -**
poner	**pondr -**
valer	**valdr -**
poder	**podr -**
saber	**sabr -**
querer	**querr -**
caber	**cabr -**
haber	***habr -**
hacer	**har -**
decir	**dir -**

✚

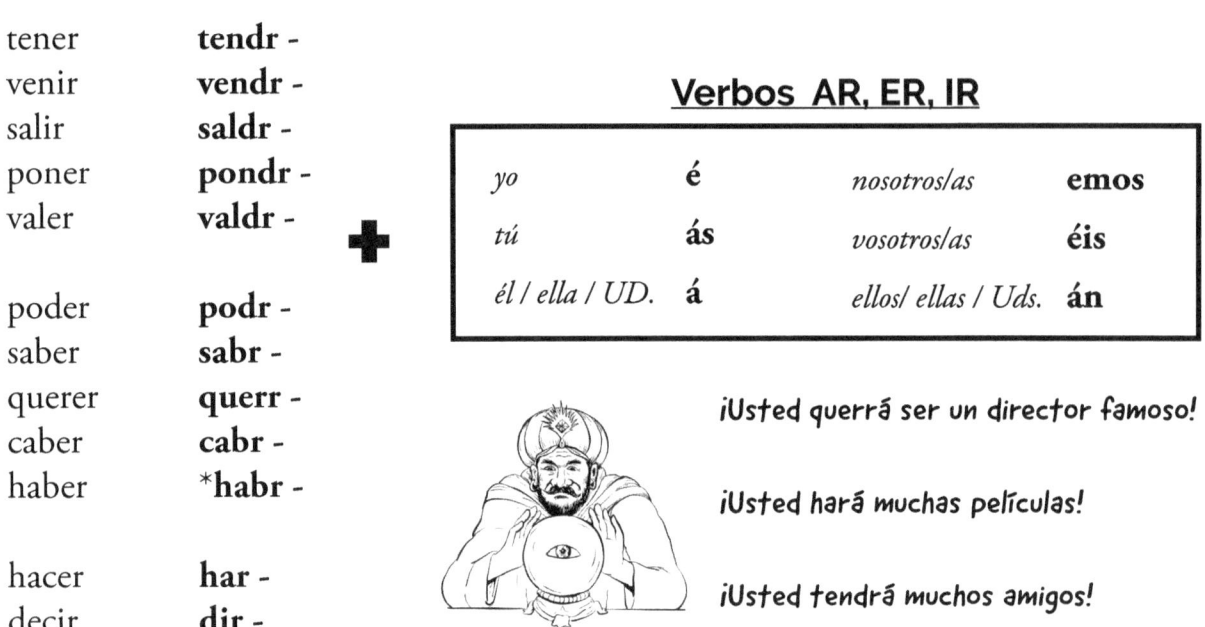

Verbos AR, ER, IR

yo	**é**	*nosotros/as*	**emos**
tú	**ás**	*vosotros/as*	**éis**
él / ella / UD.	**á**	*ellos/ ellas / Uds.*	**án**

¡Usted querrá ser un director famoso!

¡Usted hará muchas películas!

¡Usted tendrá muchos amigos!

Elige el verbo más lógico y escribe la forma correcta del <u>futuro regular</u>.

1. El director _____ conocer a muchas estrellas famosas. (**poder, decir**)

2. Él _____ más información después de hablar con el sospechoso. (**caber, tener**)

3. ¡Nosotros nunca te _____ la verdad! (haber, decir) (**haber, decir**)

4. Tú y yo _____ a las cinco y media en el AVE. (**saber, salir**)

5. En el año 2125, _____ mucha tecnología nueva. (**decir, haber**)

6. En mi opinión, los humanos _____ máquinas para hacer todo. (**valer, tener**)

7. ¿_____ usted a mi fiesta de cumpleaños? ¡Es mañana! (**venir, decir**)

8. Yo _____ hacer cosas divertidas en verano. (**poner, poder**)

9. ¡Tú nunca _____ ganar! ¡Yo soy el mejor! (**decir, poder**)

10. ¡No te preocupes! Todo _____ en la maleta para el viaje. (**saber, caber**)

¿?
¿Qué harás tú en la vida?

Escribir - Escribe sobre esta escena del libro. Usa el vocabulario de este capítulo.

_____

_____

_____

_____

_____

_____

_____

_____

_____

_____

_____

CAPÍTULO 15

(11) El Escape - Estás atrapado en la bodega con tus amigos. ¡Planea cómo escapar!

¡¿Cómo escaparás de la bodega?!

¡Conecta tus ideas!

Primero

Segundo

Después

Luego

Entonces

Antes de + infinitivo

Después de + infinitivo

Finalmente

Por fin

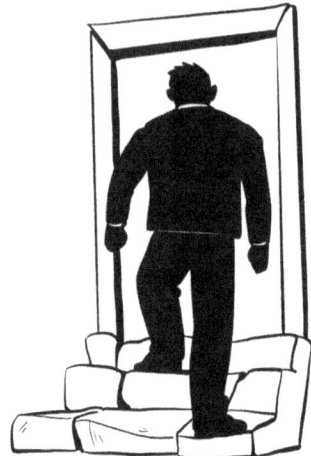

www.storyoso.com

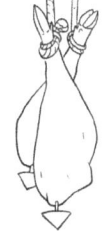

 La Cultura - Usa el espacio de abajo para tomar apuntes. ¿Qué aprendiste de este capítulo?

gente famosa   historia   expresiones   comida

geografía   lugares   arte   ¿algo más?

LOS OJOS DE GOYA
CAPÍTULO DIECISÉIS
NO HAY ESCAPATORIA

El tiempo también pinta.

—Francisco José de Goya y Lucientes

1 Vocabulario

1. a crane -

2. shadows -

3. lantern -

4. put it away -

5. he lost his balance -

6. a hit, or a strike -

7. to hit -

8. What a scare! -

9. crossed -

10. ceiling -

11. to trip -

12. knife -

13. lifted up -

14. Take that! -

15. force -

16. leave us in peace -

17. basket -

18. to fall down -

Busca la palabra

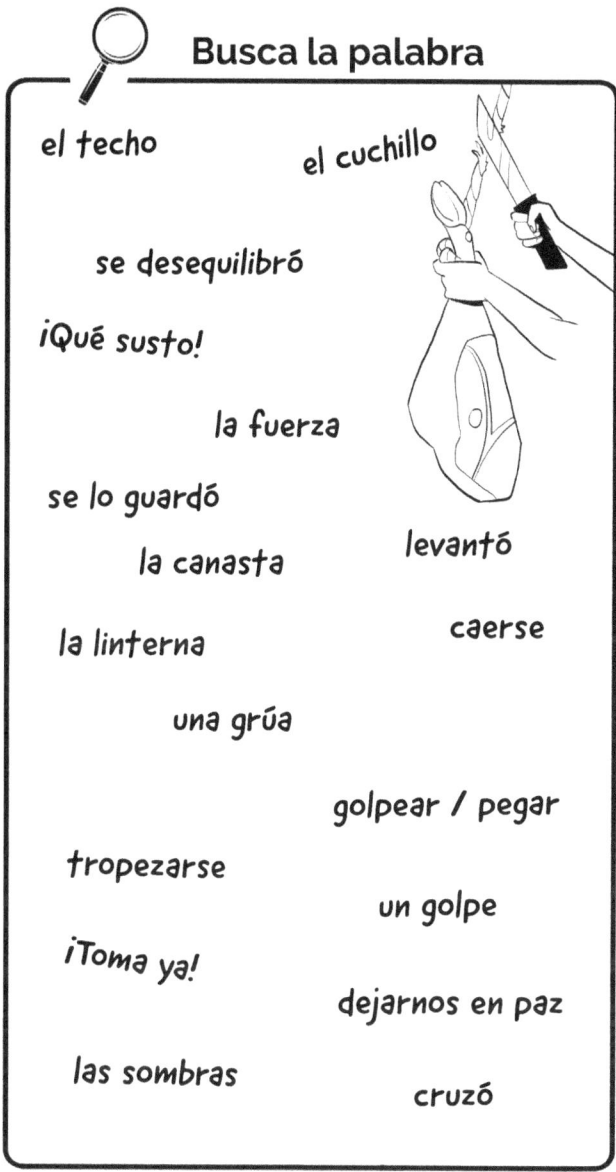

el techo

el cuchillo

se desequilibró

¡Qué susto!

la fuerza

se lo guardó

la canasta

levantó

la linterna

caerse

una grúa

golpear / pegar

tropezarse

un golpe

¡Toma ya!

dejarnos en paz

las sombras

cruzó

2 Rellena el espacio con una de las palabras de arriba.

El mejor amigo de Ignacio estaba enfermo. Ignacio decidió llevarle una _____ con

sopa caliente. Cuando llegó a la casa de su amigo, eran las diez de la noche. Había una luna llena y

muchas _____ siniestras. Ignacio sacó una _____ para ver mejor. De

repente, un gato negro _____ por delante de él. ¡_____! Ignacio quería

volver a casa, pero decidió llamar a la puerta. Dio un _____ a la puerta, pero nadie contes-

tó. Su amigo no estaba. Entonces, ¡Ignacio recordó que su amigo vivía en otra calle! *¡Qué tonto es!*

③ Antes de Leer - Contesta con oraciones completas.

1. ¿Cuándo necesitas usar mucha fuerza para hacer algo?

2. ¿Cuándo fue la última vez que te caíste?

3. ¿Cuándo fue la última vez que gritaste <<*¡Toma ya!*>>?

4. ¿Cuándo fue la última vez que usaste una linterna?

5. ¿Cuándo fue la última vez que levantaste algo muy pesado?

④ ¿Quién de la clase? - Entrevista a tus compañeros de clase.

¿Qué?	¿Quién?	¿Cómo?	¿Cuándo?	¿Cuál?	¿Cuánto?	¿Dónde?	¿Adónde?

Nombre   Más información

1. ¿Te tropiezas a menudo?

2. ¿Tienes una linterna en tu dormitorio?

3. ¿Puedes tocar el techo de la clase sin usar una silla?

4. ¿Has caído con la cáscara de un plátano alguna vez?

5. ¿Has subido a una grúa alguna vez?

 Escribe oraciones completas abajo con la información de tu entrevista.

¿Comprendiste? Contesta con oraciones completas.

1. ¿Por qué gritó Montse al principio de este capítulo?

2. ¿Por qué cortó Jimena la cuerda del jamón colgado del techo?

3. ¿Qué es la Pata Negra?

4. ¿Dónde puso Jimena el jamón serrano?

5. ¿Qué dijo Montse al matón cuando se detuvo en las escaleras?

6. ¿Qué usó Jimena para pegar al matón?

7. ¿Qué robó Jimena cuando pasó por el salón del restaurante?

8. ¿Qué vieron los tres cuando llegaron a la Plaza Mayor?

9. Según Miguel, ¿qué va a hacer la Garduña con la estatua?

10. ¿Quién salió de las sombras al final de este capítulo?

¡Autores! ¿Puedes crear un micro-cuento con solo cinco oraciones? Usa las cinco palabras de abajo.

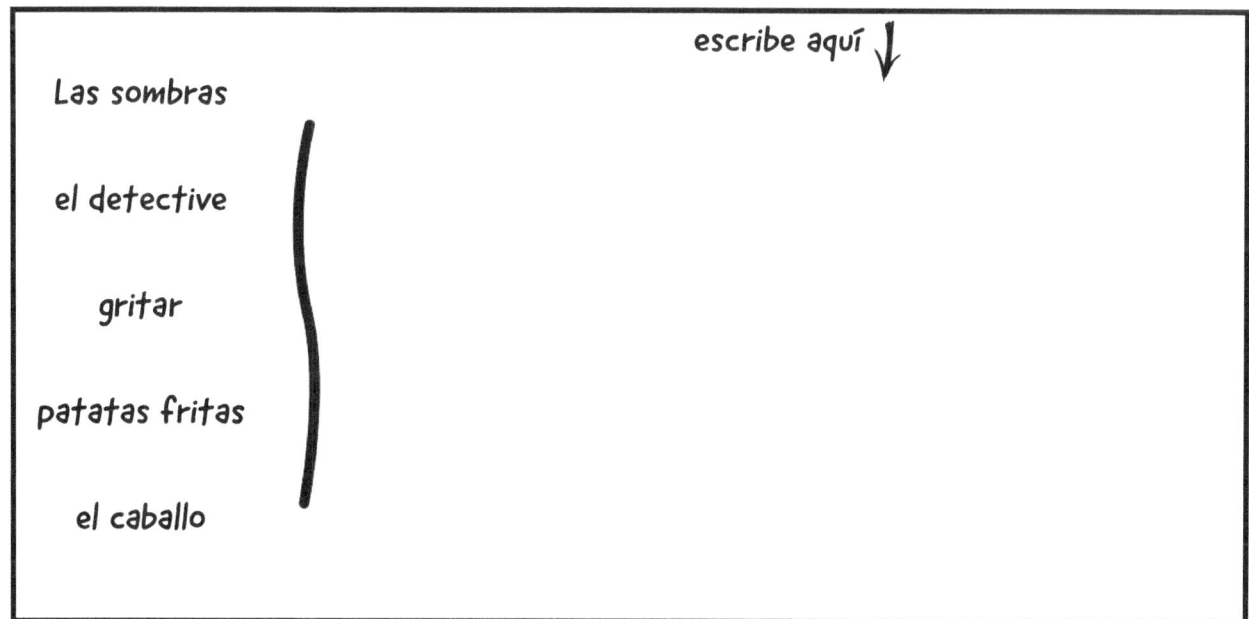

escribe aquí ↓

Las sombras

el detective

gritar

patatas fritas

el caballo

7 Ordenar los eventos - Ordena los eventos del capítulo para resolver la cifra de abajo.

Escribe el orden de los eventos usando los números 1 a 10 en la primera columna. Después, usa las letras que van con los números para resolver el rompecabezas.

¡ $\overline{5}$ $\overline{8}$ $\overline{9}$ $\overline{7}$ $\overline{2}$ $\overline{5}$ $\overline{¿?}$

$\overline{8}$ $\overline{10}$ $\overline{4}$ $\overline{7}$ $\overline{1}$ $\overline{6}$ $\overline{¿?}$

$\overline{5}$ $\overline{8}$ $\overline{3}$ $\overline{7}$ $\overline{¿?}$ $\overline{7}$ $\overline{9}$ $\overline{10}$ $\overline{6}$ $\overline{¿?}$ $\overline{7}$!

	V	Jimena explicó su plan para escapar, pero Montse y Miguel tenían dudas.
	E	Jimena empezó a gritar — ¡Socorro! ¡Socorro!
	O	Miguel, Montse y Jimena escucharon la risa siniestra del detective Franco.
	H	Jimena puso el jamón en una zona oscura de las escaleras.
	T	Jimena robó un teléfono y los tres escaparon del restaurante.
	A	El matón pisó el jamón y se cayó con un grito.
	B	Montse gritó porque vio una rata.
	S	Jimena le pegó al matón con el jamón serrano. — ¡Cataplúm!
	C	Jimena cortó la cuerda del jamón serrano colgado del techo.
	R	El matón bajó las escaleras, pero se detuvo justo arriba del jamón.

8 Gramática - El Futuro de Probabilidad

tener	**tendr -**			
venir	**vendr -**			
salir	**saldr -**			
poner	**pondr -**			
valer	**valdr -**			

+

Verbos AR, ER, IR

yo	**é**	*nosotros/as*	**emos**
tú	**ás**	*vosotros/as*	**éis**
él / ella / UD.	**á**	*ellos/ ellas / Uds.*	**án**

poder	**podr -**
saber	**sabr -**
querer	**querr -**
caber	**cabr -**
haber	***habr -**

¡Acabas de ganar la lotería!

¡Serás muy rico a partir de ahora!

¡Estarás muy contento!

hacer	**har -**
decir	**dir -**

¡Tendrás muchos amigos!

Elige el verbo más lógico y escribe la forma correcta del futuro para expresar probabilidad.

1. El nunca tiene sueño. Él _____ muchas horas cada noche. (**dormir, atacar**)

2. Alejandra tiene un coche deportivo muy caro. Ella _____ muy rica. (**ser, leer**)

3. Mi amiga no contesta el teléfono. Él no _____ en casa ahora. (**ser, estar**)

4. Ellos siempre ganan el partido. Su equipo _____ mucho. (**visitar, practicar**)

5. Vendieron todas las entradas. _____ mucha gente en el concierto. (**haber, hacer**)

Escribe una oración completa aquí abajo usando el futuro para expresar probabilidad.

1. Mi amigo no ha venido hoy a la escuela. Creo que no se siente bien. (**estar, tener, otro verbo**)

2. Mi profesora es muy inteligente y ha vivido en muchos países. (**hablar, conocer, otro verbo**)

3. El director trabaja en Hollywood y ha hecho muchas películas. (**conocer, vivir, otro verbo**)

9 Escribir - Escribe sobre esta escena del libro. Usa el vocabulario de este capítulo.

_____

_____

_____

_____

_____

_____

_____

_____

_____

_____

Escribir - Escribe sobre esta escena del libro. Usa el vocabulario de este capítulo.

_____

_____

_____

_____

_____

_____

_____

_____

_____

_____

_____

⑪ Tira Cómica: Elige una de las dos opciones abajo y dibuja una tira cómica. **Incluye diálogo.**

Opción Una: Dibuja lo que pasó en este capítulo. Incluye escenas extras.

Opción Dos: Dibuja otra escena de acción. Invéntala o dibuja una película famosa.

Expresiones divertidas

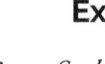

¡De repente!	*Suddenly!*	¡Vaya!	*Wow!*
¡Toma ya!	*Take that!*	¿De verdad?	*Really?*
¡Ten cuidado!	*Be careful!*	¡JA, JA, JA!	*HA, HA, HA!*

EL TÍTULO _____

 La Cultura - Usa el espacio de abajo para tomar apuntes. ¿Qué aprendiste de este capítulo?

gente famosa	historia	expresiones	comida
geografía	lugares	arte	¿algo más?

LOS OJOS DE GOYA
CAPÍTULO DIECISIETE
OJOS DE UN ASESINO

No mires lo que fuimos; mira lo que somos.

—Francisco José de Goya y Lucientes

❶ Vocabulario

1. buildings -

2. to laugh -

3. to sell -

4. a thread -

5. the search -

6. shoulder -

7. power -

8. sound -

9. stories -

10. good taste -

11. I knew, found out -

12. kept / put away -

13. pain -

14. clown -

15. would have -

Busca la palabra

buen gusto

el payaso

vender   el dolor

los cuentos

el hombro

tendría

guardó

el sonido   los edificios

el poder   supe

un hilo

la búsqueda

reírse

❷ Lee las pistas y busca las palabras escondidas.

1. Es lo que haces cuando algo es gracioso.

2. Es algo que puedes escuchar.

3. Es un lugar que puede tener oficinas.

4. Es lo que haces si necesitas dinero.

5. Es una parte del cuerpo.

6. Es una historia corta.

7. Ella hizo esto con un secreto. Lo...

8. Es lo que sientes si tienes un accidente.

9. Es alguien que te hace reír.

10. Es algo que la ropa puede tener.

Más un animal típico de España y un personaje.

S	X	Á	B	M	R	Ñ	Q	R	Ú	P	É	D	C	C	Ú
É	Ú	H	W	Ü	A	T	É	W	S	H	K	S	A	Q	C
Ú	I	E	I	D	Y	G	H	J	Á	B	Ñ	R	B	U	U
N	U	Z	K	L	Ñ	Ñ	D	B	D	A	D	E	A	U	E
F	L	Ñ	Ó	E	O	O	O	A	X	B	L	Í	L	Ó	N
B	Ü	W	S	D	Ü	É	Q	Í	L	U	Á	R	L	S	T
F	I	N	U	I	É	T	U	Ú	U	E	B	S	O	Q	O
V	S	Ü	J	F	P	G	Ó	P	Q	B	N	E	X	Ü	Í
F	Z	N	Q	I	E	G	U	K	S	J	H	A	I	Z	P
Y	N	A	V	C	Í	N	T	A	J	H	S	Q	I	N	Á
Á	Á	Ú	I	I	M	R	F	V	R	M	Ñ	B	X	D	V
C	R	L	Z	O	D	Í	U	Ó	Ñ	D	L	Y	Z	T	Á
Ú	F	I	I	R	Ü	O	Ó	H	L	B	Ó	F	Q	W	S
I	B	Q	C	K	K	O	Y	J	Í	Q	P	B	F	N	S
Á	Á	J	S	J	R	V	H	O	M	B	R	O	O	A	O
N	A	Q	I	I	F	E	N	J	R	I	F	R	H	D	N
X	W	J	X	Á	Z	W	H	Ñ	X	D	O	L	O	R	I
V	E	N	D	E	R	N	X	O	I	R	K	R	Q	V	D
C	Y	V	D	X	Í	G	F	Q	N	N	Q	V	N	S	O
P	H	P	H	L	Í	P	A	Y	A	S	O	I	C	P	N

3 **Antes de Leer** - Contesta con oraciones completas.

1. ¿Cuándo te ríes mucho?

2. ¿Cuándo fue la última vez que viste un payaso en persona?

3. ¿Cuál es el sonido que te vuelve loco?

4. Describe el cuento favorito de tu infancia. ¿Qué pasó?

4 **¿Quién de la clase?** - Entrevista a tus compañeros de clase.

¿Qué?	¿Quién?	¿Cómo?	¿Cuándo?	¿Cuál?	¿Cuánto?	¿Dónde?	¿Adónde?

Nombre   Más información

1. ¿Tienes algún poder especial?

2. ¿Tienes miedo de los payasos?

3. ¿Conoces algún buen cuento de terror?

4. ¿Alguna vez has subido a un edificio muy alto?

5. ¿Has participado en alguna búsqueda del tesoro?

 Escribe oraciones completas abajo con la información de tu entrevista.

¿Comprendiste? Contesta con oraciones completas.

1. ¿Qué insulto le dijo el detective Franco al matón?

2. ¿Qué estaba haciendo el señor Figuero cuando llegaron Montse y Jimena?

3. ¿Quién estaba en la canasta de la grúa y qué tenía en la mano?

4. ¿Qué sacó Jimena del bolsillo mientras Miguel y Figuero estaban hablando?

5. ¿Qué vio Montse entre Miguel y el señor Figuero mientras estaban hablando?

6. Según Miguel, ¿cuál es la única cosa que le interesa a la Garduña?

7. ¿Qué observó Miguel cuando el detective puso su mano en el hombre del señor Figuero?

8. Según el hombre de la tienda de antigüedades, ¿qué objeto se entregaba al líder de la Garduña?

9. Ese hombre también dijo que había un rumor sobre el líder de la Garduña. ¿Qué era?

10. ¿Qué vio Montse al final de este capítulo?

 ¡Palabras! ¿Cuántas palabras puedes hacer con solamente las letras de las dos palabras de abajo?

 **LA GASTRONOMÍA**

❼ ¿Quién lo dijo? ¿Quién lo escribió?

¿Montse, Miguel, el señor Figuero, el matón, o el detective Franco?

1. _____ —Me pusieron una trampa y luego me golpearon... con un jamón.

2. _____ —¡Cállate ya, payaso! Vete a la grúa para ver como va el trabajo.

3. _____ —Alberto, ¡No tienes por qué ayudarles!

4. _____ —Venga Figuero. Aquí estamos para hacer historia.

5. _____ —Venga Figuero. Aquí estamos para hacer historia.

6. _____ —¡Claro! ¡El Rolex! ¡El reloj que vi en su muñeca en la tienda después del robo!

7. _____ —¡Venga ya! ¿Desde cuándo es un crimen tener buen gusto?

8. _____ —¿Qué esconde detrás de esas gafas, detective Franco?

❽ ¿Qué piensas tú? - Contesta con oraciones completas.

1. ¿Crees que hay secretos escondidos en las estatuas famosas del mundo? Explica tu respuesta.

2. El detective Franco dijo que tenía buen gusto. ¿De qué cosas se puede tener buen gusto?

3. En tu opinión, ¿cuáles son las características de personalidad de un asesino?

4. En tu opinión, ¿por qué Montse pensó en el cuadro de Goya *Saturno devorando a su hijo*?

5. Ahora Montse sabe que el detective es el asesino de su madre, pero está atrapada. ¿Qué debe hacer?

⑨ Gramática - El condicional regular

Verbos AR, ER, IR

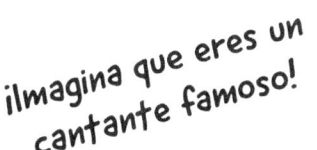

yo	**ía**	*nosotros/as*	**íamos**
tú	**ías**	*vosotros/as*	**íais**
él / ella / UD.	**ía**	*ellos/ ellas / Uds.*	**ían**

Hablar
Comer **+**
Vivir

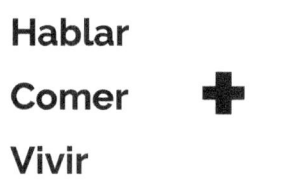

¡Imagina que eres un cantante famoso!

¡Yo bailaría muy bien!

¡Yo viajaría a muchos países!

¡Yo cantaría en muchos conciertos!

¿Qué más pasaría?

Elige el verbo más lógico y escribe la forma correcta del <u>condicional regular</u>.

1. Mi madre _____ muy orgullosa de mí. (**estar, ser**)

2. Yo _____ en una casa grande de Mallorca. (**vivir, leer**)

3. Mis amigos _____ todas mis canciones. (**mentir, escuchar**)

4. Mi amigo y yo _____ en los mejores restaurantes. (**comer, jugar**)

5. Yo _____ muchas canciones de amor. (**escribir, beber**)

6. Tú _____ un gran aficionado de mi música. (**ser, explicar**)

7. ¡Qué divertido! Yo _____ a mucha gente famosa. (**explicar, conocer**)

8. Mi agente _____ todos los detalles de mis conciertos. (**andar, organizar**)

9. ¡Todo el mundo _____ mis canciones en la ducha! (**dormir, cantar**)

10. Mis padres _____ de vacaciones a México conmigo. (**ir, explotar**)

Escribir - Escribe sobre esta escena del libro. Usa el vocabulario de este capítulo.

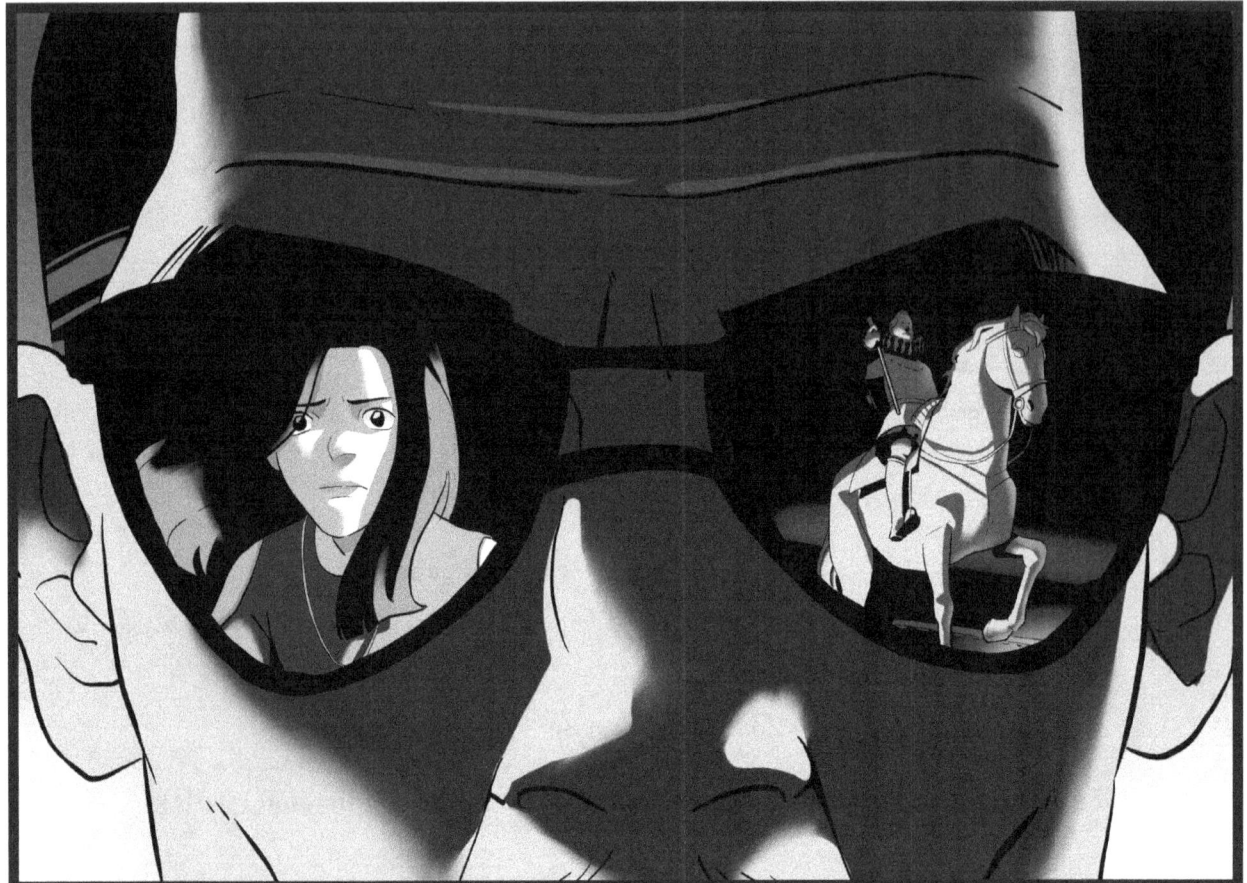

_____

_____

_____

_____

_____

_____

_____

_____

_____

_____

11 **La Plaza Mayor:** Diseña una infografía sobre la Plaza Mayor. Completa la infografía con dibujos para hacerla más llamativa.

Tres hechos interesantes de la Plaza Mayor

Tres actividades que puedes hacer allí

La Plaza Mayor

Tres comidas que puedes comer allí

Tres lugares famosos situados cerca de la Plaza Mayor

12 **La Cultura -** Usa el espacio de abajo para tomar apuntes. ¿Qué aprendiste de este capítulo?

gente famosa   historia   expresiones   comida

geografía   lugares   arte   ¿algo más?

LOS OJOS DE GOYA
CAPÍTULO DIECIOCHO
EL SUEÑO DE LA RAZÓN

El sueño de la razón produce monstruos.

—Francisco de Goya y Lucientes

Saturno devorando a su hijo.

① Vocabulario

1. surprised -
2. jumped -
3. to shoot -
4. ghost -
5. to sink -
6. fog -
7. pocket -
8. trigger -
9. he wondered -
10. about to -
11. noise -
12. crane -
13. a look -
14. madness -
15. to understand -
16. the doubt -
17. soul -
18. tormented -

Busca la palabra

asombrado

atormentado

la locura

la duda

la niebla

se preguntó

entender

hundirse   el gatillo

una mirada

la grúa

el ruido

el bolsillo

el fantasma

a punto de

disparar

el alma   dio un salto

② Rellena el espacio con una de las palabras de arriba.

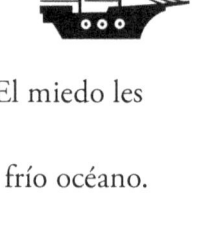

El barco se adentró en la _____ y entonces era imposible ver bien. El miedo les

invadió. Todos los marineros tenían miedo de _____ en medio del frío océano.

Decían que había _____ de marineros muertos en aquella parte del océano.

De repente, escucharon el _____ de las olas chocando contra rocas en la distancia.

El capitán _____, sacó binoculares de su _____ y miró hacia el sonido.

¡Tierra a la vista! ¡Salvados!

③ Antes de Leer - Contesta con oraciones completas.

1. ¿Hay fantasmas en tu casa o en tu escuela?

2. ¿Cuándo estás asombrado?

3. ¿Qué guardas en tus bolsillos o en tu mochila?

4. ¿Cuándo tienes muchas dudas?

5. ¿Cuándo fue la última vez que caminaste entre mucha niebla?

④ ¿Quién de la clase? - Entrevista a tus compañeros de clase.

¿Qué?	¿Quién?	¿Cómo?	¿Cuándo?	¿Cuál?	¿Cuánto?	¿Dónde?	¿Adónde?

                                            Nombre   **Más información**

1. ¿Entiendes las matemáticas bien?

2. ¿Has visto alguna grúa muy alta?

3. ¿Has escuchado hoy mucho ruido?

4. ¿Has visto algún fantasma en tu vida?

5. ¿Tienes alguna mirada especial para tus amigos?

 Escribe oraciones completas abajo con la información de tu entrevista.

5 **¿Comprendiste?** Contesta con oraciones completas.

1. ¿Cómo se sentía Montse cuando vio los ojos del detective Franco?

2. Después de ver los ojos de Franco, ¿En qué pensó Montse?

3. ¿Qué recordó Montse de la lección de la clase del señor Figuero?

4. ¿Qué vio Montse en el ojo sano del señor Figuero?

5. ¿Por qué le dijo Montse el nombre de la fórmula al señor Figuero?

6. ¿Qué hizo el hombre en la canasta de la grúa cuando vio a Figuero y a Franco luchando?

7. ¿Qué hizo Jimena cuando el matón le disparó a Miguel?

8. ¿Qué le dio Jimena a Montse cuando estaba en el suelo?

9. El matón le golpeó a Montse con su pistola. ¿Qué oyó Montse después?

10. ¿Qué vio Montse antes de caerse en la oscuridad absoluta?

6 **¡Vamos a Jugar!** **¡Veinte Preguntas!** Juega a 20 preguntas con un amigo.

- Una persona piensa en una palabra de las categorías abajo.
- Elige palabras de la novela para las primeras rondas.
- Todas las preguntas deben tener respuestas de SÍ o NO
- Tienes solamente veinte preguntas.
- ¡Juega varias rondas!

𝗜𝗛𝗛 𝗜 Tacha el número de preguntas abajo.

¿? Lugar

¿? Persona / animal / personaje

¿? Objeto / cosa

7 **Ordenar los eventos** - Ordena los eventos del capítulo para resolver la cifra de abajo.

Escribe el orden de los eventos usando los números 1 a 10 en la primera columna. Después, usa las letras que van con los números para resolver el rompecabezas.

$\underline{3}$ $\underline{9}$ $\underline{8}$ $\underline{9}$ $\underline{2}$ $\underline{9}$ $\underline{8}$ $\underline{8}$ $\underline{9}$ $\underline{5}$

$\underline{4}$ $\underline{3}$ $\underline{4}$ $\underline{8}$ $\underline{7}$ $\underline{4}$ $\underline{2}$ $\underline{9}$

$\underline{1}$ $\underline{4}$ $\underline{3}$ $\underline{6}$ $\underline{3}$ $\underline{10}$ $\underline{6}$

	S	Jimena le lanzó la linterna a la cabeza del matón.
	A	Franco disparó al hombre de la grúa.
	J	Montse decidió que tenía que hacer algo para salvar a Jimena y a su padre.
	D	Montse vio los ojos del detective Franco y gritó —¡Asesino!
	M	Montse se hundió en la oscuridad como el perro del cuadro de Goya.
	P	El matón le disparó a Miguel, y entonces Montse gritó.
	E	El señor Figuero entendió el verdadero significado de la frase de Goya.
	O	Jimena le dio el teléfono a Montse.
	N	El señor Figuero agarró la pistola del detective Franco y empezó a luchar con él.
	L	Montse dijo —El sueño de la razón produce monstruos.

8 Gramática - El condicional irregular

tener	**tendr -**
venir	**vendr -**
salir	**saldr -**
poner	**pondr -**
valer	**valdr -**

➕

Verbos AR, ER, IR

yo	**ía**	*nosotros/as*	**íamos**
tú	**ías**	*vosotros/as*	**íais**
él / ella / UD.	**ía**	*ellos/ ellas / Uds.*	**ían**

poder	**podr -**
saber	**sabr -**
querer	**querr -**
caber	**cabr -**
haber	***habr -**

hacer	**har -**
decir	**dir -**

¡Imagina que eres un deportista famoso!

¡Yo podría correr muy rápido!

¡Yo tendría que practicar mucho!

¡Yo saldría a correr todos los días!

¿Qué más pasaría?

Elige el verbo más lógico y escribe la forma correcta en <u>condicional irregular</u>.

1. Yo _____ cómo jugar a muchos deportes. **(tener, saber)**

2. El presidente de los Estados Unidos _____ mi foto en su oficina. **(poner, salir)**

3. Tú _____ a todos mis partidos. **(venir, decir)**

4. Los otros jugadores _____ miedo de mí. **(venir, tener)**

5. Tú y yo _____ vernos después de los partidos importantes. **(poner, poder)**

6. ¡Yo _____ una fortuna porque soy el mejor! **(valer, salir)**

7. ¡Yo nunca _____ del campo sin ganar! **(decir, salir)**

8. ¡Yo _____ muchas entrevistas con los reporteros famosos! **(hacer, poner)**

9. ¡No _____ nadie mejor que yo! **(poder, haber)**

10. Mis padres también _____ que yo soy el mejor! **(decir, haber)**

⑨ Escribir - Escribe sobre esta escena del libro. Usa el vocabulario de este capítulo.

_____

_____

_____

_____

_____

_____

_____

_____

_____

_____

_____

10 **¡Socorro! - Ayuda a Montse a escapar de la Plaza Mayor.**

Colecciona las letras y números en orden para descifrar el mensaje de abajo.

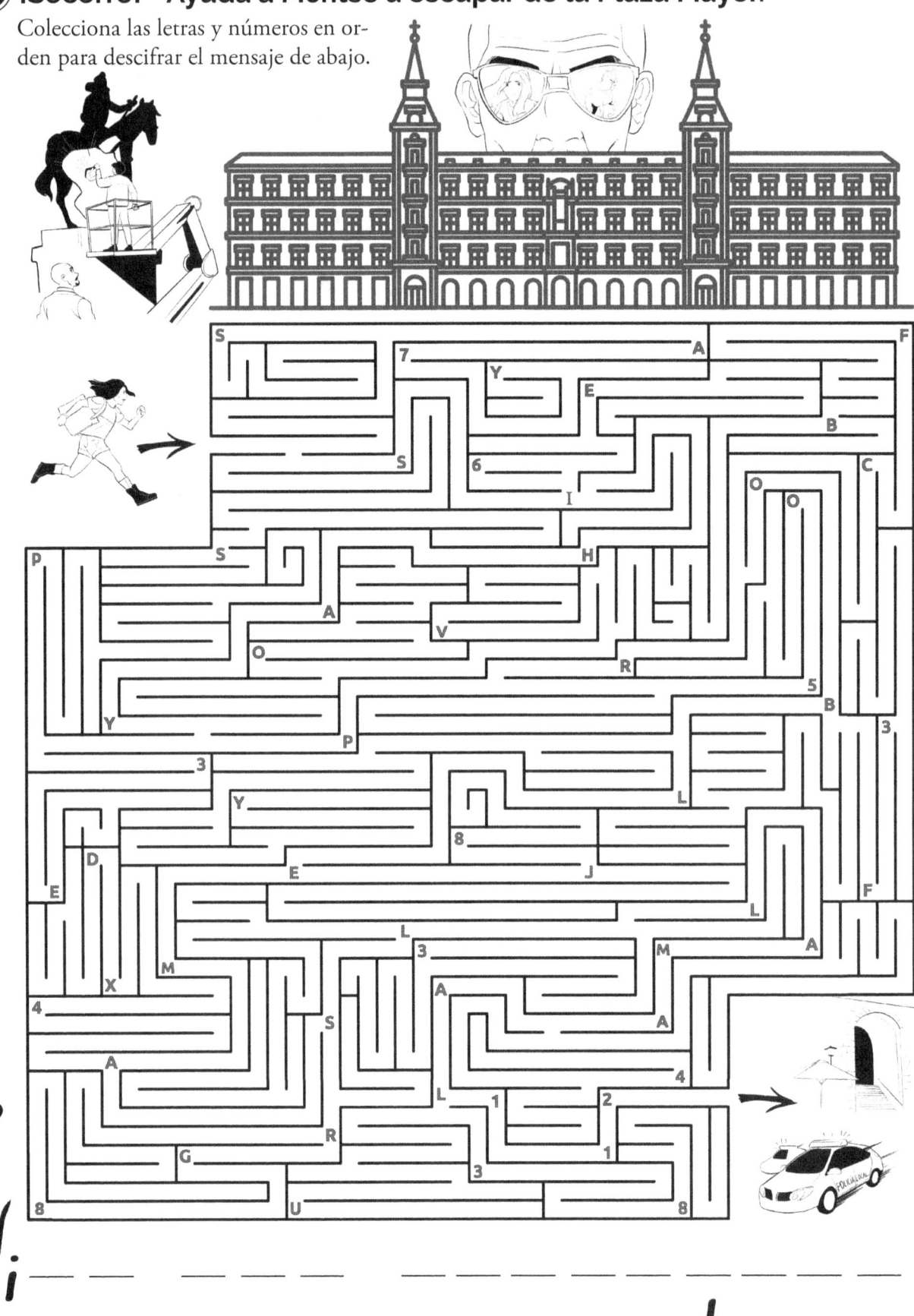

¿?

i ____ ____ ____ ____ ____ ____ ____ ____ ____ ____ ____ !

 La Cultura - Usa el espacio de abajo para tomar apuntes. ¿Qué aprendiste de este capítulo?

gente famosa	historia	expresiones	comida
geografía	lugares	arte	¿algo más?

LOS OJOS DE GOYA
CAPÍTULO DIECINUEVE
EL DESTINO

Todavía estoy aprendiendo.

—Francisco de Goya y Lucientes

Las Parcas (Átropos)

1 Vocabulario

1. to warn -

2. badge -

3. owner -

4. the fight -

5. extremely -

6. to suppose -

7. unit -

8. blood -

9. weak -

10. nurses -

11. bad news -

12. clear proof -

13. cases -

14. birds -

15. bones -

Busca la palabra

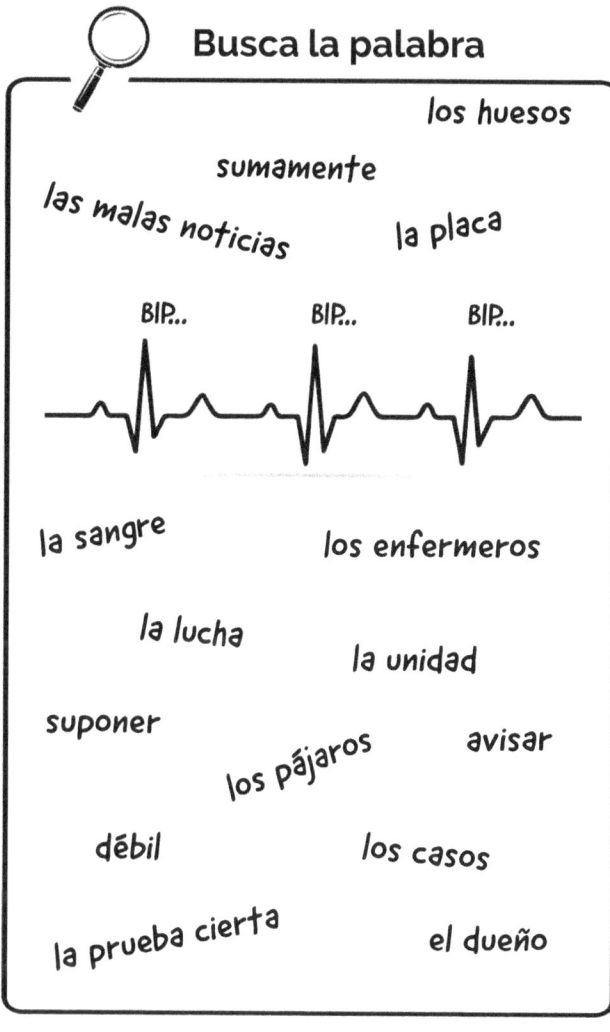

2 **El sapo de otro pozo.** Elige la palabra que no tenga relación. Explica por qué la has elegido.

1. avisar	suponer	las malas noticias
2. la lucha	la sangre	los huesos
3. el dueño	los enfermeros	débil

❸ Antes de Leer - Contesta con oraciones completas.

1. ¿Dónde puedes ver muchos pájaros desde donde vives?

2. ¿Qué quieres escuchar primero, las buenas noticias o las malas? ¿Por qué?

3. ¿Qué es algo sumamente difícil para ti?

4. ¿Has luchado con alguien alguna vez?

5. ¿Quieres ser enfermero en un futuro? ¿Por qué?

❹ ¿Quién de la clase? - Entrevista a tus compañeros de clase.

¿Qué?	¿Quién?	¿Cómo?	¿Cuándo?	¿Cuál?	¿Cuánto?	¿Dónde?	¿Adónde?

| | **Nombre** | **Más Información** |

1. ¿Conoces a un enfermero o a un doctor?

2. ¿Te gustaría trabajar en un hospital algún día?

3. ¿Te has roto un hueso alguna vez.

4. ¿Tienes miedo de la sangre?

5. ¿Has donado sangre alguna vez?

 Escribe oraciones completas abajo con la información de tu entrevista.

¿Comprendiste? Contesta con oraciones completas.

1. ¿Qué oyó Montse cuando se despertó en el hospital?

2. ¿Qué es el CITCO?

3. Según la agente de CITCO, ¿Qué número había marcado Jimena para llamar a la policía?

4. ¿Qué pasó con el detective Franco?

5. Según la agente de CITCO, ¿qué hizo el señor Figuero?

6. Según el agente Ruíz, ¿cómo entraron los pájaros dentro de la estatua de Felipe III?

7. ¿Qué había dentro de la estatua cuando el terrorista la abrió con una explosión?

8. ¿Qué tipo de sangre necesita Jimena para la transfusión?

9. ¿Por qué piensa Montse que no puede salvar a Jimena?

10. ¿Cuál fue el destino de Montse?

 ¡Palabras! ¿Cuántas palabras puedes hacer con solamente las letras de las dos palabras de abajo?

 **EL ELECTROCARDIOGRAMA**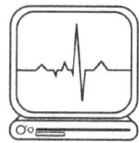

7 **¿Verdadero o Falso?** Indica si la frase es verdadera (V) o falsa (F). Si es falsa, corrígela.

1. _____ Montse se despertó en la Plaza Mayor, al lado de la estatua.

2. _____ El agente de Citco explicó que arrestaron al detective Franco.

3. _____ El agente de Citco dijo que el señor Figuero estaba cooperando en el caso.

4. _____ El agente de Citco explicó que Miguel había llamado a la policía marcando el 112.

5. _____ El experto en crímenes de arte dijo que la fórmula ya no estaba en la estatua.

6. _____ La doctora entró en la habitación de Montse y Jimena.

7. _____ La doctora dijo que Jimena necesitaba una transfusión de sangre que el hospital no tenía.

8. _____ Montse habló con su padre y le explicó que Jimena necesitaba un corazón nuevo.

9. _____ Miguel le dijo a Montse que Jimena era su verdadera hermana.

10. _____ Al final de este capítulo, Montse dijo que salvar a su padre era su destino.

8 **¿Qué piensas tú?** - Contesta con oraciones completas.

1. ¿Te gustaría ser doctor o enfermero en un futuro?

2. En tu imaginación, ¿cómo sería tu vida si fueras un detective de crímenes internacionales?

3. Si pudieras hacer cualquier trabajo, ¿qué harías y por qué lo harías?

⑨ Gramática - Otros usos para el condicional

tener	**tendr -**
venir	**vendr -**
salir	**saldr -**
poner	**pondr -**
valer	**valdr -**

+

Verbos AR, ER, IR

yo	**ía**	*nosotros/as*	**íamos**
tú	**ías**	*vosotros/as*	**íais**
él / ella / UD.	**ía**	*ellos/ ellas / Uds.*	**ían**

poder	**podr -**
saber	**sabr -**
querer	**querr -**
caber	**cabr -**
haber	***habr -**

hacer	**har -**
decir	**dir -**

—¡Voy a regresar pronto!

El matón dijo que <u>regresaría</u> pronto.

((BIP))

¡Me gustaría esconderme!

¡¿Podrías llamar a la policía, por favor?!

¿Qué dijo esta gente?

Escribe lo que dijo esta gente empleando el condicional y los verbos: dijo, explicó, confirmó, etc.

1. El matón: —¡Voy a <u>atar</u> las manos de los prisioneros!

2. Los dos agentes: —¡Vamos a <u>investigar</u> este asunto!

3. Montse y Jimena: —¡No vamos a <u>tener</u> más problemas con la Garduña!

4. Miguel: —¡Nunca voy a <u>olvidar</u> a Magdalena!

5. El señor Figuero: —¡Voy a <u>confesar</u> todo!

6. El señor Figuero: —¡<u>Puedo</u> ayudar con la investigación!

⑩ Escribir - Escribe sobre esta escena del libro. Usa el vocabulario de este capítulo.

_____

_____

_____

_____

_____

_____

_____

_____

_____

_____

Artista de Grafiti: Pinta *TODA LA PARED* de este edificio con ideas de este capitulo!

Incluye: Tres palabras importantes, una idea importante, dos líneas de diálogo y sobre todo...

¡Mucho grafiti! (¡Está bien! ¡Tienes permiso!)

Una idea importante es...

⑫ La Cultura - Usa el espacio de abajo para tomar apuntes. ¿Qué aprendiste de este capítulo?

gente famosa   historia   expresiones   comida

geografía   lugares   arte   ¿algo más?

LOS OJOS DE GOYA
APENDICE

En las siguientes páginas,

hay espacio para expresarte más...

Eres artista...

Eres autor...

Eres maestro de tu destino.

¡Abre la puerta a la imaginación!

Escribir

Nombre:

Fecha:

Título: _____

_____

_____

_____

_____

_____

_____

_____

_____

_____

_____

_____

_____

_____

_____

_____

_____

_____

_____

_____

✎ Escribir

Nombre:

Fecha:

Título: _____

_____

_____

_____

_____

_____

_____

_____

_____

_____

_____

_____

_____

_____

_____

_____

_____

_____

_____

✎ Escribir

Nombre:

Fecha:

Título: _____

_____

_____

_____

_____

_____

_____

_____

_____

_____

_____

_____

_____

_____

_____

_____

_____

_____

_____

_____

✐ Escribir

Nombre:

Fecha:

Título: _____

_____

_____

_____

_____

_____

_____

_____

_____

_____

_____

_____

_____

_____

_____

_____

_____

_____

_____

_____

✎ Escribir

Nombre:

Fecha:

Título: _____

_____

_____

_____

_____

_____

_____

_____

_____

_____

_____

_____

_____

_____

_____

_____

_____

_____

_____

_____

_____

✏️ Escribir

Nombre:

Fecha:

Título: _____

_____

_____

_____

_____

_____

_____

_____

_____

_____

_____

_____

_____

_____

_____

_____

_____

_____

_____

✎ Escribir

Nombre:
Fecha:

Título: _____

_____

_____

_____

_____

_____

_____

_____

_____

_____

_____

_____

_____

_____

_____

_____

_____

_____

_____

_____

✎ Escribir

Nombre:

Fecha:

Título: _____

_____

_____

_____

_____

_____

_____

_____

_____

_____

_____

_____

_____

_____

_____

_____

_____

_____

_____

_____

Dibujar y Escribir ✎

Nombre:

Fecha:

Título: _____

Dibujar y Escribir 🖊

Nombre:

Fecha:

Título: _____

_____

_____

_____

_____

_____

_____

_____

_____

_____

_____

_____

_____

_____

_____

Dibujar y Escribir ✎

Nombre:

Fecha:

Título: _____

Dibujar y Escribir ✏

Nombre:

Fecha:

Título: _____

Artista de Grafiti: Pinta *TODA LA PARED* de este edificio! (¡Está bien! ¡Tienes permiso!)

Incluye: Tres palabras importantes, una idea importante, dos líneas de diálogo y sobre todo...

¡Mucho grafiti!

Una idea importante es...

www.storyoso.com

Artista de Grafiti: Pinta *TODA LA PARED* de este edificio! (¡Está bien! ¡Tienes permiso!)

Incluye: Tres palabras importantes, una idea importante, dos líneas de diálogo y sobre todo...

¡Mucho grafiti!

Una idea importante es...

Artista de Grafiti: Pinta *TODA LA PARED* de este edificio! (¡Está bien! ¡Tienes permiso!)

Incluye: Tres palabras importantes, una idea importante, dos líneas de diálogo y sobre todo...

¡Mucho grafiti!

Una idea importante es...

www.storyoso.com

Artista de Grafiti: Pinta *TODA LA PARED* de este edificio! (¡Está bien! ¡Tienes permiso!)

Incluye: Tres palabras importantes, una idea importante, dos líneas de diálogo y sobre todo...

¡Mucho grafiti!

Una idea importante es...

Tira Cómica: Elige una de las dos opciones abajo y dibuja una tira cómica. **Incluye diálogo.**

Opción Una: ¿?

Opción Dos: ¿?

Expresiones divertidas

¡De repente!	*Suddenly!*	¡Vaya!	*Wow!*
¡Toma ya!	*Take that!*	¿De verdad?	*Really?*
¡Ten cuidado!	*Be careful!*	¡JA, JA, JA!	*HA, HA, HA!*

EL TÍTULO _____

Tira Cómica: Elige una de las dos opciones abajo y dibuja una tira cómica. **Incluye diálogo.**

Opción Una: ¿?

Opción Dos: ¿?

Expresiones divertidas

¡De repente!	*Suddenly!*	¡Vaya!	*Wow!*
¡Toma ya!	*Take that!*	¿De verdad?	*Really?*
¡Ten cuidado!	*Be careful!*	¡JA, JA, JA!	*HA, HA, HA!*

EL TÍTULO _____

Tira Cómica: Elige una de las dos opciones abajo y dibuja una tira cómica. **Incluye diálogo.**

Opción Una: ¿?

Opción Dos: ¿?

Expresiones divertidas

¡De repente!	*Suddenly!*	¡Vaya!	*Wow!*
¡Toma ya!	*Take that!*	¿De verdad?	*Really?*
¡Ten cuidado!	*Be careful!*	¡JA, JA, JA!	*HA, HA, HA!*

EL TÍTULO _____

Tira Cómica: Elige una de las dos opciones abajo y dibuja una tira cómica. **Incluye diálogo.**

Opción Una: ¿?

Opción Dos: ¿?

Expresiones divertidas

¡De repente!	*Suddenly!*	¡Vaya!	*Wow!*
¡No me digas!	*No way!*	¿De verdad?	*Really?*
¡Qué barbaridad!	*How terrible!*	¡JA, JA, JA!	*HA, HA, HA!*

EL TÍTULO _____

Tira Cómica: Elige una de las dos opciones abajo y dibuja una tira cómica. **Incluye diálogo.**

Opción Una: ¿?

Opción Dos: ¿?

Expresiones divertidas

¡De repente!	*Suddenly!*	¡Vaya!	*Wow!*
¡Toma ya!	*Take that!*	¿De verdad?	*Really?*
¡Ten cuidado!	*Be careful!*	¡JA, JA, JA!	*HA, HA, HA!*

EL TÍTULO

Tira Cómica: Elige una de las dos opciones abajo y dibuja una tira cómica. **Incluye diálogo.**

Opción Una: ¿?

Opción Dos: ¿?

Expresiones divertidas

¡De repente!	*Suddenly!*	¡Vaya!	*Wow!*
¡Toma ya!	*Take that!*	¿De verdad?	*Really?*
¡Ten cuidado!	*Be careful!*	¡JA, JA, JA!	*HA, HA, HA!*

EL TÍTULO _____

ABOUT THE NOVEL
LOS OJOS DE GOYA

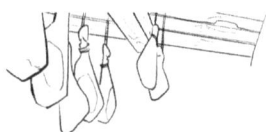

EL EQUIPO

DREW FORLANO is a teacher and author living in Richmond, Virginia. Previously, Drew lived in Seville and Madrid for seven years, where he often explored both cities searching for the best jamón serrano and tapa de queso manchego. He was inspired to write *Los ojos de Goya* to help students become more proficient Spanish speakers and learn about the fascinating culture of Spain. You can find more of Drew's work at www.storyoso.com.

CONSTANCIO LOZANO BALLESTEROS, AKA Cito. Cito is a native of Seville and a fan of all things literary, artistic and delicious. He has a talent for writing punchy dialogue and recalling obscure trivia. Cito was the chief literary and cultural consultant for *Los ojos de Goya*, insuring that the true spirit of the characters and the essence of Spain shine through on every page.

LILY CHAN is a freelance illustrator based in Hawaii. She has a passion for bringing stories alive through digital art. Her favorite part of working on *Los ojos de Goya* was drawing fun scenes set in real places in Spain. When Lily is not creating art, she is learning Japanese and chatting with friends. Find more of Lily's work at www.instagram.com/lilybyteart/ and www.lilybyte787.wixsite.com/portfolio

BENEFITS OF READING
LOS OJOS DE GOYA
TO LEARN SPANISH

 Intermediate Spanish level to practice and build language skills.

 Suspenseful storyline that engages and challenges readers to find out what happens next.

 Professional illustrations that make the story come alive and help with reading comprehension.

 Authentic culture that brings the best of Spanish art, history, food and iconic cities to the reader.

 Page footnotes and full glossary to make reading easier for Spanish language learners.

 Extended learning materials are available for teachers and students at www.storyoso.com

**Find teacher materials and
more activities at www.storyoso.com**

STORYOSO PRESS
WWW.STORYOSO.COM

Teaching with the Student workbook for the novel los ojos de Goya

Chapter by Chapter Spanish Activities!

 Vocabulary building exercises to teach essential terms.

✔ Games, puzzles, and drawing activities to gamify learning.

✔ Pre-Reading questions and speaking activities to practice skills.

✔ Storyline comprehension activities to gauge understanding.

✔ Grammar review exercises to teach key structures.

✔ Writing exercises with chapter illustrations and artwork.

✔ Additional learning materials are available at www.storyoso.com

Find the novel *Los ojos de Goya*, teacher materials and more activities at www.storyoso.com

STORYOSO PRESS
WWW.STORYOSO.COM